강아지 똥과 엘레지

강아지 똥과 엘레지

조종영 수필집

수필과비평사

■ 책을 내면서

세월도 생각도 머물지 않는 물과 같으니 지난날의 기억마저 모두 흘러가고 머릿속은 하얀 백지만 남지 않을까 두렵다. 옛일을 잊고 텅 빈 머리로 세상을 살아야 한다면 그 얼마나 끔찍한 일인가. 두고 갈 것은 두고 가야 한다. 모두 버리고 빈손으로 가는 걸음이야 가볍겠지만, 남아 있는 세상이 너무 삭막하지 않겠는가.

산다는 것에는 늘 조심스러움이 그림자처럼 따라붙는다. 나 아닌 남의 마음도 헤아려야 하고 세상의 이목이나 처분에도 하나 없이 마음이 쓰인다. 기회는 운명이던가. 글을 쓰게 된 동기가 아주 우연히 전주에 발을 들여놓으며 늦깎이로 시작되었다. 아직 내놓을 만한 재주도 이력도 전혀 없는 주제에 모자라는 글을 모아 책을 내는 일이 조심스럽지 않다면 그것이 더 이상스러울 것이다.

글을 쓴다는 것은 자신을 들춰보는 일이었다. 겹겹이 싸인 양파껍질을 벗겨내듯이 나를 감추고 있는 너절한 포장을 한 겹씩

들추며 비로소 자신을 조금씩 알게 되었다. 삶에 찌들고 닳아서 정서는 메마르고 감정은 무디어가는 보잘것없는 나의 재발견이다. 비록 늦게나마 이런 기회마저 얻지 못했더라면 나는 끝끝내 자신을 전혀 모르고 살다가 죽었을 것이다.

펜을 들 때마다 글다운 글을 꿈꾸지만, 결과는 늘 삶의 너절한 파편으로 어지럽기만 하다. 그런 글을 내놓고 후회하느니 생긴 그대로 속 편히 살자고 마음을 접고 있었다. 그러나 그 의지도 자신으로부터 자유롭지 못했다. 지금을 흘려보내고 나면 이것마저도 세월에 묻혀갈 것이란 생각이 강하게 들었다. 부족함을 알고도 내놓는 구차한 변명이다.

그 동안 지도해 주시고 도와주신 여러분께 깊은 감사를 드린다.

2009년 봄

芸山 조 종 영

| 차례 |

책을 내면서 • 5

제1부

신원사의 봄 • 13
부처님은 아시겠지 • 16
진짜 뺑쟁이 • 20
그대 가슴에 내가 남긴 흔적은 • 24
가을 산에 오르며 • 28
부채로 나던 여름이 그립다 • 32
전어구이 • 36
어항 속의 세상 • 40
여름을 나며 • 44
그때 그 사람 • 48

제2부

잃어버린 폭포 • 55
바닷가에서 • 59
가족, 그 사랑과 그리움 • 63
마지막 사랑 • 67
고향에 부치는 편지 • 71
내 아들의 고향이 없다 • 73
그대가 있어 행복하다 • 77
하비 • 80
남김없이 사랑해라 • 84
천 년 은행나무 앞에서 • 88
시계 없는 세상 • 92

제3부

삼색등 • 99
가을바람에도 순항이다 • 103
천사의 나팔 • 107
배롱나무의 유혹 • 111
까치에게 상생을 청하다 • 114
꿈으로 사는 인생 • 118
내 마음의 시간 • 122
나는 나의 포로였다 • 126
단칸방도 정이 들면 • 131
후회 • 135
침묵의 외출 • 139
가난한 부자 • 143

4부

일처다부시대一妻多夫時代가 오는 것인가 • 149
배가 불러서 아름다운 여자 • 153
안녕하세요 • 157
아들 날까 딸 날까 • 161
헌 가구의 삶 • 165
회상回想 • 169
지나간 달력을 뜯으며 • 173
이유 있는 침묵 • 177
모텔 삼국지三國地 • 180
경험 그리고 이해 • 184

5부

아들의 결혼 선물 • 189
헛소리 • 193
노인과 젊은 여자 • 197
강아지 똥과 엘레지 • 201
어느 봄날의 미소 • 206
그 말 한 마디가 • 209
발맞추기 • 213
아름다움이 지고나면 • 217
갈망渴望 • 220
사기꾼들 • 224
불전함佛錢函 • 228
세월이 오가는 길목에서 • 233

■ **작품해설**
무문겸전武文兼全의 양반수필가, 조종영 / 김 학 • 237

제1부

신원사의 봄

부처님은 아시겠지

진짜 뺑쟁이

그대 가슴에 내가 남긴 흔적은

가을 산에 오르며

부채로 나던 여름이 그립다

전어구이

어항 속의 세상

여름을 나며

그때 그 사람

신원사의 봄

백제시대에 창건했다는 신원사神元寺는 천 년의 해묵은 모습으로 계룡산의 호젓한 품에서 봄의 향기에 흠뻑 젖어 있었다.

계룡산에서 가장 높은 봉우리는 천왕봉이지만, 풍수 지리적으로는 삼불봉이 산의 기氣가 집중된 심장과 같다고 한다. 그 삼불봉을 중심으로 동으로는 동학사, 서로는 갑사, 남으로 신원사, 그리고 북으로 구룡사가 있다. 그 산이 품은 네 사찰을 도상에서 직선으로 연결하면 하나의 정사각형을 이룬다. 그리고 동학사와 갑사를 밑변으로 그으면 남과 북으로 각각 두 개의 정삼각형이 된다. 계룡산의 산세에 어울리도록 사찰의 위치와 이름까지도 세심히 계산된 배치라는 것이다.

신원사는 계룡산 뒤편이어서 조금은 외진 감이 들고 대중교통수

단도 뜸해서 찾는 이의 발길이 그리 번잡하지가 않다. 조그마하고 아담한 절은 세월만큼이나 해묵은 태가 묻어나고, 현대의 덧칠을 하지 않아서 한층 더 아름답다. 절 한편에 있는 중악단中嶽壇은 우리나라 제일의 산신각으로도 유명하다. 천 년 세월 온갖 풍상을 겪으며 중생의 쓰리고 아픈 가슴을 어루만져주었을 신원사는 화창한 봄날 자연과 어우러진 미감을 찬연히 풍기고 있었다.

정오로 다가서는 시간.

겨우내 언 마음은 눈처럼 녹아내리고 졸음에 겨운 고양이의 눈이 저절로 감겨들 것만 같은 산사의 한낮이다. 계곡을 들어서서 대웅전으로 오르는 마지막 돌계단에 무심코 올라섰다. 타는 듯 붉은 영산홍 한 무더기가 가슴에 불을 확 싸지른다. 절 마당의 잔디밭은 녹색으로 물들어가고 그 한가운데 조그만 오층석탑이 수줍은 듯 서 있다. 중후한 고찰의 대웅전, 그 앞에 타는 듯 매혹적인 붉은 영산홍, 파릇파릇하게 물들어가는 잔디밭과 오층석탑이 절묘한 조화를 이루어 절로 감탄을 자아내게 한다. 나는 한동안 그 아름다움에 한껏 취해 있었다. 오래도록 가슴에 간직하고 싶은 신원사의 봄이다. 아름다움을 가슴으로 받아들이는 그 순간은 가장 평화롭고 행복한 시간이다. 자연도 삶도 모두가 아름다운 것을, 내가 세상의 아름다움에 눈감고 사는 것은 아닐까. 세상은 보는 대로 존재하고 보이는 것만 느낀다는 사실을 오늘 여기서 새롭게 깨닫는 것만 같다.

"앗! 사루비아~!"

난데없는 고성이 귓전을 울린다. 사람들의 시선은 일제히 소리나는 쪽으로 돌아갔다. 요사채를 나서던 하얀 노승이 절 마당을 향해 내지르는 큰 소리였다. 방안 깊숙하게 스며드는 봄기운을 이기지 못해 문을 나서며 무심코 터진 탄성이었으리라. 노승의 기합과 같은 그 한 마디에 산사의 봄은 생기를 더하는 것 같았다. 자연스러움이란 꾸밈없는 진실 그대로의 참모습이다. 노스님의 그 세속적인 감탄사가 사람들의 가슴에 새봄과 같은 향긋한 미소를 번지게 했다. 깔끔한 승복에 단아한 모습, 기품이 넘치는 저 스님의 영혼도 티 없이 맑고 단정하리라. 해맑은 웃음이 함빡 핀 얼굴에는 햇살 같은 평안함이 은은하게 퍼지고 있었다.

노스님이 대웅전 앞뜰로 들어서자 사람들은 합장으로 맞이한다. 봄볕을 밟으며 뛰노는 천진한 어린아이의 귓불을 만져주고 머리도 쓰다듬으며

"허허, 이 귀 좀 보게, 참 잘 생겼다."

덕담을 건네는 노스님의 입가에 핀 미소가 영락없이 자애로운 부처님을 닮았다. 나는 아지랑이처럼 피어나는 산사의 그 아름다움을 남김없이 가슴에 담아두고 싶었다.

내 인생에 숱한 봄을 지났음에도 가슴에 보석 같은 기억 하나 남지 않은 것은 사막과 같이 건조한 삶을 살아온 탓일 게다. 그러나 그 해 신원사의 봄은 지금도 눈에 선연하고 생각만으로도 취하고 만다. 그 순간은 찰나였고 세상의 아주 소소한 하나를 봤을 뿐이지만, 아름답고 소중한 봄의 모습으로 여전히 남았다. 그리고 언제나 계룡산을 생각할 때면 신원사의 그해 봄도 어제 일처럼 따라온다.

부처님은 아시겠지

지난 세월의 흔적 중에서 웃음을 남긴 추억이 있다면, 그것은 반짝이는 보석과 같다. 추억도 세월에 곰삭으면 제 맛이 드는가 보다. 그때에는 그토록 난처했던 일이 세월이 흐른 지금에는 오히려 소중한 웃음이 되었으니 그것이 곧 세월의 조화인가.

종교가 무엇이냐고 물을 때마다 대답이 궁하고 난처하기만 했다. 그래서 농담삼아 시작된 대답이 UN교였다. 그것을 터무니없는 농담으로 돌릴 수 없던 것은 비록 특정한 종교를 정한 바가 없어도 종파에 구분을 두지 않고 행사에는 참석했기 때문이다. 그래도 좀 지나친 표현이었을까. 농으로 던지는 그 말을 곧이곧대로 받아들이는 것인지

"그런 종교도 있어요?"

하고, 정색을 하며 되묻는다.

남들은 종교를 어렵지 않게 선택하는 것 같고 때로는 개종을 하기도 한다. 그런데 나는 한 번의 선택마저도 쉽지가 않아서 어느 종교에도 선뜻 발을 들여놓지 못하고 마음만 두다가 세월만 지나갔다.

모 부대 참모장 시절 석가탄신일의 추억이다. 부대 안에는 교회와 성당, 법당도 있었고 각각 군종장교도 보직되어 있었다. 법당은 능선 모퉁이를 돌아 산사처럼 외돌아진 한적한 곳에 자리잡고 있었다. 그해 석가탄신일을 맞아 법당 행사에 참석하게 되었다. 오랜만에 가는 길이라 분위기도 살필 겸 시간을 넉넉하게 미리 도착했다. 색색의 연등이 내걸린 절에는 부처님 오신 날 경축 분위기가 한껏 무르익었고 많은 장병과 민간인신도들까지 법회를 준비하느라 분주했다. 마침 신도회장인 참모가 다가와서 반갑게 인사를 한다. 불교의식에 밝지 못한 나는 준비해간 시주를 언제 어디에다 내는지 궁금하던 참이었다.

“○○ 참모, 시주는 어디에 내면 되지?”

“예, 여기에 내시면 됩니다.”

그가 조금의 망설임도 없이 알려주는 곳에는 무슨 접수대가 놓여 있고 한 병사가 앉아 있었다. 지난 해의 행사에도 그랬던가? 다른 부대에서 근무할 때의 초파일 행사 기억이 얼른 떠오르지 않았다. 어딘가 미심쩍은 생각이 없지는 않았으나 행사를 준비하는 신도회장의 말이라 더는 의심 없이 시주봉투를 그곳에 내고 법당으로 들어갔다.

법회가 시작되기 전부터 법당은 신도들로 가득했다. 맨 앞의 내빈 줄에 지휘관과 부지휘관 그리고 내가 자리를 잡았다. 그 뒤로는 외부에서 참석한 민간인신도와 부대 장병이 가득 앉았다. 부처님오신 날 관불의식灌佛儀式은 주요행사의 하나이다. 문자 그대로 부처님을 씻기는 행사이다. 그러나 단순한 세척의 의미가 아니다. 속세의 때를 씻고 깨끗하고 맑은 생활을 하겠다는 다짐의 표현이다. 그 성스러운 행사가 나를 곤욕스럽게 하리라고는 예상을 하지 못했다. 먼저 부대지휘관이 불상 앞에 나아가 아기부처의 정수리에 물을 부어서 씻어주었다. 그리고는 시주 봉투를 내고 합장을 하는 것이 아닌가.

"아차! 내가 시주 봉투를 잘못 냈구나."

그 순간 등줄기에서 식은땀이 주르르 흘렀다. 지나고 보니 내가 시주한 곳은 연등을 접수하는 곳이었다. 관불의식을 행하고 시주도 없이 돌아설 생각을 하니 벌써부터 얼굴이 화끈거리기 시작했다. 시주를 어디에 하건 그것이 무슨 상관인가. 그러나 남이 하는 것을 하지 않는다는 거추장스러운 체면이 짐이었다. 내 뒤의 많은 신도가 모두 나를 쳐다볼 터인데 참으로 난감한 일이었다. 그렇다고 시주 돈을 다시 찾아올 수도 없는 일이요, 나는 이미 시주를 했노라고 변명할 수도 없는 일이다. 세심한 생각 없이 엉뚱한 곳을 일러준 참모가 원망스럽다는 생각이 스쳤다. 사실은 누구를 원망할 마음의 여유조차 없었다. 어차피 모면할 수 없는 처지가 되었으니 그저 눈 질끈 감고

"부처님은 아시겠지."

하고 자위하기로 마음을 먹었다. 그러나 생각은 생각이고 현실은 현실이다. 욕불을 행하고 돌아설 때에는 마치 죄지은 사람처럼 행동이 부자연스럽고 얼굴이 달아오르는 것을 어찌하랴. 그런데 난감했던 그 일이 세월이 흐르며 즐거운 웃음으로 변할 줄은 꿈에도 몰랐다. 그때를 생각하면 지금도 입가에 싱긋한 웃음이 피어난다. 등줄기에 식은땀이 나도록 난처했던 그 곤욕스러움이 오히려 웃음이 되었으니 참으로 세상일이란 알 수 없는 것이다.

살다 보면 매사에 감정이 앞서고 제 기준으로 속단하는 경우가 많다. 그때의 당혹한 감정에 그 참모에게 모진 말이라도 한마디 했더라면 아마, 지금의 웃음은 고사하고 서로 마음에 씻겨지지 않는 상처만 남지는 않았을까.

그날을 추억하면 언제나 잔잔한 미소가 일고 멀어져가던 그 사람의 얼굴도 그립게 다가온다.

진짜 뻥쟁이

'뻥'이란 허구이거나 사실을 몹시 과장한다는 뜻이다. 당연히 좋은 의미로 받아들이기에는 좀 거리가 있는 듯하다. 그런 단어가 거부감보다는 오히려 친근감이 느껴지는 것은 웬일일까. 그 익살스러움과 정겨움이 우스갯소리 잘하는 동네아저씨 맛이다.

그러나 뻥이란 것은 자칫 도가 지나쳐서 문제가 되지 않도록 경계를 해야 함은 분명하다. 만약에 뻥으로 남의 재산상에 손해를 준다면 사기가 될 것이요, 개인의 수치심을 지나치게 자극하면 명예훼손이 될 것이고, 광고에 뻥을 치면 허위나 과장광고에 해당하지 않을까. 그러나 때로는 독이 약이 될 수도 있듯이 뻥도 지나치지 않도록 적절하게 잘 쓰면 우리 생활에 아주 훌륭한 활력소가 되기도 한다.

외출에서 돌아온 아내가 쌀 뻥튀기 한 봉지를 사 들고 왔다. 우리 아파트 한가운데를 지나는 도로 가에는 가끔 뻥튀기기계를 설치한 소형트럭이 찾아온다. 그 뻥튀기 트럭이 나를 지난날의 추억 속으로 돌아가게 한다. 쌀 한 됫박이 대소쿠리에 한가득 되게 요술을 부리는 뻥튀기기계 주변을 맴돌았다. 숯검정 얼굴에 낡은 벙거지를 쓴 꾀죄죄한 아저씨가 뻥! 하고 뻥튀기를 터트리는 순간, 대포 같은 소리에 몸을 잔뜩 움츠리며 귀를 막고 돌아섰다. 그 난리 통에 옆으로 튄 뻥튀기 낱개를 주워 먹던 그 맛은 일품이었다. 그때의 인심이 어디 그뿐이던가. 뻥튀기를 튀겨가는 동네 아주머니가 우리 손에 한 줌씩 쥐어주던 그 고소한 맛과 즐거움은 잊지 못할 추억이다. 흘러간 세월에 웬만한 것은 옛 모양을 찾기 어렵게 변했다. 그러나 유독 뻥튀기 기계만은 시커멓고 동그란 모양이 예전과 다름이 없다. 다만, 화목 대신에 가스를 쓰고 손으로 돌리던 기계를 전기모터가 대신하는 것이 한 발 진보한 셈이다. 아내가 사온 하얀 쌀 뻥튀기 한 줌을 입에 넣으니 반 세기도 더 지난 그 부드럽고 고소한 맛은 세월이 가도 여전하다. 그 맛을 음미하며 문득, '뻥'이란 낱말이 '뻥튀기'에서 유래하였을 것이란 생각에 마치 재미있는 뻥을 한 마디 듣는 것만 같았다.

구수한 입담으로 여러 사람을 잘 웃기는 재미있는 친구가 있었다. 그 친구의 주장은 뻥이란 최소한 24시간은 유효해야지 몇 시간도 못 가서 들통이 나는 뻥은 뻥이 아니라는 것이다. 그러나 자기의 뻥은 한 달을 충분히 간다는 자칭 뻥쟁이다.

이솝우화에 나오는 양치기 소년의 뻥은 너무나 유명하다. 산에서 양을 지키다가 심심하면 늑대가 온다고 소리쳐서 마을 사람들을 세 번이나 속인다. 그 뻥으로 인하여 정말로 늑대가 왔을 때에는 마을 사람들이 그 말을 믿지 않는다. 이 우화는 사람이 정직하게 살아야 하는 교훈을 주고자 함이지만, 아울러 세계적인 뻥쟁이 얘기라고도 할 수 있다. 그러나 자칭 뻥쟁이라는 친구의 논리에 의한다면, 즉석에서 탄로가 나는 양치기 소년의 뻥은 뻥 축에 들지도 못하는 아주 초보적인 수준이다. 나는 유효기간이 한 달이나 간다는 그 친구가 진짜 뻥쟁이라고 믿고 있었다.

어느 날 후배 한 분이 내가 근무하는 멀리 경북 영천까지 찾아왔다. 저녁식사를 겸한 반주로 얼근해지자 그의 뻥이 시작되었다.

"선배님 우리 집은 3년마다 한 번씩 마누라하고 대판 싸움이 벌어집니다."

웬 뜬금없는 부부싸움이야기인가 하면서도 귀가 솔깃하다.

"제가 3년 만기의 적금을 들잖아요. 그런데 고스톱하다가 돈이 떨어지면 마누라 몰래 중도 해약을 하거든요. 그러니 적금이 만기 되는 날은 우리 부부가 대판 싸우는 날입니다."

아무리 재미있는 이야기도 하는 사람에 따라서 그 맛이 전혀 다른 법이다. 그는 천성적으로 타고난 재주인지 뚜벅뚜벅 던지듯 하는 말이 절로 웃음을 자아내게 했다. 얘기는 계속되었다.

"저는 고스톱 치는 날에는 본전을 하면 3만 원을 잃은 날입니다."

"이 사람아, 본전이면 본전이지 잃는 것은 또 뭔가?"

"내가 고스톱 치느라고 늦게 들어갈 때에는 마누라한테 무조건 돈을 따왔다고 하면서 3만 원을 줘야 바가지를 안 긁어요. 그러니 3만 원은 따야 본전이거든요."

그의 재치 있는 입담은 마치 실제 경험담처럼 느껴지게 했다. 그 말이 뻥일 것이란 짐작을 하면서도 마음 한구석에는 사실일지도 모른다는 생각이 따라붙었다. 그의 뻥치는 이야기로 저녁 한때를 웃음으로 보낸 엊그제 같은 세월이 어느새 수십 년이 흘렀다. 그 세월에도 그의 얘기는 아직도 생생하고, 그 말의 사실여부도 미궁 속에 궁금증으로 남아있다. 이 정도 수준이면 그야말로 뻥의 진수라 해야 하지 않을까 싶다.

항상 즐거울 수만 없는 우리 인생이기에 늘 시름을 털고 웃으며 살아야 한다. 그래서 시답잖은 뻥 한 마디의 역할과 가치를 소중하게 여기는 것이다. 때로는 싱거운 말 한 마디에 웃음꽃이 피고, 한바탕 웃음으로 막혔던 가슴도 뻥 뚫리지 않던가.

한 달 가는 뻥으로 큰소리를 치던 친구에게는 한 마디 충고를 하고 지나가야할 것 같다. 이 보게나 친구야, 자네의 한 달 간다는 뻥은 뻥 축에도 들지 못할 것 같네. 내 후배의 뻥은 30년도 더 간다네. 그러니 그 사람이야말로 진짜 뻥쟁이가 아니겠는가.

손에 쥔 뻥튀기 한 줌을 입에 넣으니 그 고소함이 입 안 가득 찰싹 감긴다.

그대 가슴에 내가 남긴 흔적은

내가 살아온 흔적은 어떤 모습일까. 산길을 가다가 이끼 낀 비석을 만나면 단단한 돌에 새겨놓은 생전의 기록이 궁금해진다. 사람이 제 치부를 드러내서 후대의 교훈으로 삼기란 참으로 어려운 일이다. 그런 사람이야말로 삶도 그 흔적도 더없이 아름답고 향기로울 것이다. 사람이 부끄럽지 않은 제 흔적을 남기고 싶다면 그에 걸맞은 인생을 살아야 함이 당연하다. 지워지지 않는 그림자 같은 흔적일진대 추하고 부끄러운 것은 모두 지워버리고 빛나고 아름다운 것만 남기를 원한다면 그야말로 비겁한 자의 욕심에 불과하지 않은가.

자식들이 어렸을 적에 한곳에서 2~3년쯤 살았다 싶으면 언제 이사를 하느냐고 궁금해 했다. 내가 전·후방 부대를 오가며 전국 곳곳의 낯선 지방을 찔끔찔끔 살았기 때문이다. 그런 아비를 둔 탓에 자식들은 초등학교를 세 번씩이나 전학하고, 고향도 모교도 그리고 친구까지도 제대로 갖지 못하게 되었으니 미안하기가 짝이 없다. 당시 군 관사의 주거 여건은 열악하기 이를 데 없었고 대부분은 도시에서 떨어진 곳이었다. 그러나 그마저 여의치 않을 때에는 남의 집에서 셋방을 살 수밖에 없었으니 이런 저런 여건을 따지고 가릴 처지가 못 되었다. 이사는 그저 부대위치만을 확인하고 무작정 찾아가는 때가 다반사였다. 그렇게 먼 길을 달려와 낯선 빈집에 들어설 때에 제일 먼저 눈에 뜨이는 것은 앞서 살다간 사람의 흔적이었다. 이사 간 집은 휑하니 어수선하기 마련이고 드는 사람은 마음부터가 썰렁하다. 그러나 문을 열고 첫발을 들여놓을 때에 말끔하게 뒷정리를 하고 떠난 집안을 접하면 그 사람들의 아름답고 따뜻한 마음이 그대로 가슴에 와 닿았다. 그때에 자기가 앉았던 자리는 깨끗이 쓸고 일어나야 한다는 소중한 교훈을 배웠다. 그래서 우리도 이사할 때면 뒷정리를 깨끗이 하려고 나름대로 노력했고, 사는 데 불편하거나 주의할 점 등을 간단하게 메모해두고 떠났다. 새로 들어올 사람이 누구인지는 모르지만 내가 받은 고마움을 돌려준다는 생각이었다. 비록 작은 일이지만, 무엇인가를 남기고 떠난다는 기쁨에 새로운 곳을 향하는 발걸음은 가벼웠다. 그때부터 내가 앉았던 자리는 깔끔하게 정리하는 정신을 마음에 담고는 살았으나, 그것을 행함에는 늘 부족하고 부끄러움을 씻을 수가 없다.

우리는 일생을 살며 헤아릴 수 없이 많은 사람을 만난다. 불가에서는 옷깃만 스쳐도 인연이라 했으니 한때 정을 나누며 살았다는 것은 얼마나 큰 인연인가. 그런 인연의 사람도 세월 따라 멀어져가고 문득문득 해묵은 기억들을 더듬다가는 그리움으로 가슴이 저릴 때가 있다. 인간관계란 인연을 맺는 것보다도 그것을 유지하고 발전시키는 것이 더 중요하다는 소중한 교훈을 가슴으로 느끼게 된다.

모처럼 계룡대 골프연습장을 찾은 어느 날이다. 그곳에 가면 과거에 같이 근무했던 지인들을 만날 기회가 자주 있다. 그날도 어느 한 분이 나를 알아보고 자동판매기에서 커피 한 잔을 뽑아 들고 왔다. 옛사람은 그 만남만으로도 반갑기가 그지없지만, 지난 추억을 함께 돌이켜볼 수 있어서 더욱 좋다. 잠시 손을 놓고 지난날의 이야기와 근황을 주고받으며 반가움을 나누었다. 그 때 나를 뒤돌아보게 하는 그의 한 마디가 지금도 기억에 새롭다.

"과거에 함께 근무한 사람이라고 해서 다 같은 것은 아닙니다. 지난날의 상관을 만나도 모른 척 하는 사람도 있으니 참으로 많은 것을 생각하게 합니다."

아마, 그 말에 마음속으로 은근히 찔리지 않을 사람은 없을 것 같았다. 나 역시 마음에 부담을 느끼며 자신을 뒤돌아보지 않을 수가 없었고, 앉았던 자리의 정리가 얼마나 중요한 것인가 다시금 일깨워주는 기회였다.

인연으로 만난 수많은 사람의 가슴에 나의 흔적은 어떤 모습으로 남았을까. 오래도록 간직하고 싶은 아름다운 모습이거나 아니면, 기억하고 싶지 않은 흉하고 미운 모습의 하나일 것이다. 그 모두가 남의 가슴속에 새겨진 내가 만든 흔적인 것을, 지울 수도 고칠 수도 없으니 이 얼마나 두려운 일인가.

그날 한 잔의 커피를 들고 찾아준 그 사람의 마음이 내게는 대단한 기쁨이었고 큰 위안으로 받아들이고 싶었다. 그의 말처럼 옛 인연의 사람이 나를 외면하지 않을 것이란 확신은 없는데 오히려 아쉽고 흉한 내 기억들만 먼저 다가오기 때문이다.

머물고 간 자리에는 지울 수 없는 흔적만 남는다. 지금 이 순간 내 작은 몸짓에서도 무심히 내뱉는 하찮은 말 한 마디에서도 그 흔적은 끊임없이 만들어지고 있다. 남의 가슴에 새겨지는 나의 흔적들, 그것이 곧 내 삶의 모습이니 어찌 인생을 소중히 여기며 아름답게 살지 않을 수가 있겠는가.

가을 산에 오르며

추석이 되자 녹음도 어제 같지 않고 하늘도 더 높아져서 제법 가을 맛이 났다. 추석연휴가 끝나는 마지막 날 대전 근교의 식장산을 찾았다. 산과 계곡은 부드럽고 경쾌한 물소리와 바람 소리로 가득했다. 물은 내 허울인 육신을 씻어주지만 맑고 아름다운 소리는 마음의 때를 닦아주지 않는가. 신선한 자연 속에서 굳이 맑은 물을 더럽히지 않아도 내 육신의 묵은 때가 말끔히 닦일 것만 같았다.

어느 해 초등학교 여름방학이었던가, 동네 할아버지를 따라서 이곳 식장산 계곡에 가재를 잡으러 온 적이 있었다. 인적이 없는 울창한 숲, 깊은 산 속에 울려 퍼지던 계곡물 소리, 나무를 쓸고 가는 스산한 바람 소리에 왈칵 두려움이 밀려들었다. 지금은 공원이 되어서 수많은 사람이 드나들지만 그래도 예전의 모습이 조금이나마 남아있는 것은 다행스러운 일이다. 계곡 입구는 진입로 확장공사가 한창이고 넘치는 승용차들로 어지럽다. 자연을 훼손하여 생활의 편리를 도모하는 개발이 진정으로 인간을 위하는 일일까? 나도 개발의 혜택을 누리기는 하지만 자연이 훼손되고 사라지는 모습은 안타깝기만 하다. 내 생활터전이 대도시로 변모해가는 것을 자랑스럽게 여겼던 지난날의 생각은 이제 경계와 우려로 변했다. 우리에게 무엇이 소중한 것인가는 아마 산을 오르는 저 많은 사람이 더 잘 알고 있을 것이다.

계곡은 작은 저수지로부터 시작된다. 그 저수지를 옆에 끼고 계곡으로 들어서는 산길은 비교적 평탄하다. 금방이라도 산 비알을 굴러내릴 듯 엉긴 큰 돌들이 온 산을 덮고 있다. 빽빽하게 들어선 크고 작은 나무들은 그 바위 틈 틈에 뿌리를 박고 산다. 참나무, 오리나무, 비목나무 등 대부분이 낙엽수들이지만 아직 단풍이 들기에는 이른 시기다. 하늘이 너무 그리운 담쟁이덩굴은 키 큰 나무를 타고 높이 올라가 빠끔한 가을 하늘을 쳐다본다. 그리움이 얼마나 깊었으면 봄부터 여름 내내 저 높은 나무타기를 쉬지 않았을까. 나무와 나무 사이로 얽히고설킨 덩굴에는 조막만한 으름이 간간이 매달려 있다. 그 열매를 제 소유처럼 거침없이 거두어가는 사람들에게서 강자의 무정함이 엿보인다. 하늘을 향한 나무둥치에는 파란 이끼들이 꼭대기까지 돋아나 있다. 그 큰 나무의 껍질에 비듬처럼 붙어 있는 이끼, 저 미물도 하나의 생명이니 절박한 생존의 몸부림일 것이다.

길섶에 서 있는 나무는 감추어진 여인의 속살처럼 제 뿌리의 윗부분을 살짝 드러냈다. 아마 지난 번 내린 비에 덮고 있던 흙을 잃었으리라. 한 겹을 벗은 나무뿌리의 뒤틀어진 아름다움이 지나는 사람들의 눈길을 끈다. 산에는 그렇게 꼬이고 뒤틀어진 여러 모양의 나무뿌리들이 널려져 있다. 산세가 험하고 거칠수록 삶의 흔적처럼 그 모양은 더욱 기묘하다. 크고 단단한 바위를 감고 도는 나무는 바늘구멍만한 틈새에도 생존의 근원을 찾아 질긴 생명의 뿌리를 박는다. 그 뻗어나는 뿌리에서 상상을 넘는 강인한 생명력의 실체를 확인한다. 생명이 뿌리에서 태어나 뿌리로 연명한다면 내 생명도 결코 나만의 것은 아닐 것이다.

산은 계곡을 흐르는 물소리가 있어 외롭지 않다. 그 물소리에 귀를 기울여 보라. 그 안에는 수많은 생명의 소리가 들어 있다. 냇가의 돌을 애무하는 소리, 깊은 웅덩이로 떨어지는 소리, 경사진 물길을 신나게 미끄러져 내리는 환호성 등, 그 모두가 어우러져서 정답고 아름다운 계곡의 소리를 만들어낸다. 사시장철 고요한 산을 생동의 기쁨으로 가득 채운다.

구절사 가는 길로 접어들었다. 외로운 절간은 세속을 떠나 산속에 홀로 있었다. 제법 가파르게 이어지는 경사진 길에는 빗물에 씻겨난 맨돌들이 너절하다. 볼품없이 깨지고 예리하고 날카로운 모습들이 그대로 드러났다. 저 돌들도 흉한 부분이 흙에 덮였을 때에는 제법 반반하고 고상했을 것이다. 문득, 육신의 껍질을 모두 벗어버린 나의 영혼은 어떤 모양일까 궁금해진다. 아마, 저 날카롭고 모난 돌조각과 조금도 다를 바가 없을 것만 같다.

능선이 가까워지면서 물소리는 멀어져가고 산을 어르는 바람소리가 귓전을 울린다. 정처 없이 떠도는 바람도 제 나름의 철학을 터득한 것일까. 그는 어디에도 그냥 지나치는 법이 없다. 산비탈에 서 있는 외로운 나무를 포옹하고 절간 처마 끝에 잠자는 풍경風磬도 흔들어 깨운다. 저 나부끼는 나뭇잎의 흔들림은 지나가는 바람을 향한 정다운 인사일 것이다.

소중한 산소리를 가슴에 담아 다시 혼탁한 도시의 한가운데로 들어섰다. 세상사에 얼룩진 내 마음이 자연의 맑은 소리에 조금은 닦였을까. 울창한 숲과 시원한 바람이며 맑은 물소리 가득한 이곳에서 고운 빛깔의 영혼을 갈고 싶다. 한결같은 식장산이 늘 곁에 있기를 바라면서.

부채로 나던 여름이 그립다

연일 내려지는 폭염특보에 두려움마저 드는 여름이다. 아직 7월이 가기도 전인데 이달 들어 대구에는 열대야가 18일간이나 계속되었다고 한다. 대구뿐만이 아니라 전국 어느 곳이나 밤잠을 설치기는 마찬가지일 것이다. 예부터 없는 사람이 살기에는 여름보다 더 좋은 계절이 없다고 했다. 그러나 이런 무더위 앞에서는 그 말이 무색할 것 같다.

어린 시절에는 부채 하나로 여름을 났다. 별것도 아닌 그 부채마저도 여유가 없던 시골에서는 온 식구가 돌려가면서 더위를 쫓았다. 부챗살이 부러지고 이가 빠지고 종이가 찢어져서 창호지를 덧붙여 바른 몽당부채를 쓰던 시절이 있었다. 요즘의 전기선풍기에 비하면 한없이 연약하고 가냘픈 바람이지만, 그래도 더없이 요긴했으며 그보다 더 좋은 도구도 없었다. 어머니가 부쳐주시는 부채바람에 스르르 잠이 들던 여름 밤, 모깃불에 쑥 타는 냄새 그윽하고 반딧불은 사근사근 별빛 흐르는 허공을 소리 없이 날았다.

온난화 현상이 지구의 기온을 빠르게 상승시키고 있다. 언제부터인가 계절의 특징마저 희미해진다 싶더니 봄과 가을은 제 발 저린 도둑처럼 슬그머니 지나가 버린다. 겨울이 짧아지고 추위가 누그러지자 여름은 지루하게 길어지며 설설 끓는 가마솥더위가 계속이다. 요즘 낮 더위는 섭씨 35도를 오르내리고 밤에도 잠 못 드는 열대야로 이어진다. 이런 여름을 부채 하나로 지낸다면 아마, 수도자의 인내가 아니고서는 견디기 어려울 것이다. 에어컨이 일반화되었다고는 하나 그래도 그 혜택을 받지 못하는 사람이 적지 않을 터이니 그들에게 여름은 얼마나 힘든 계절일까. 이래저래 없는 사람 살기 좋다는 여름은 옛이야기가 된 것 같다.

요즘 여름은 마치 겨울처럼 문을 꼭꼭 여며 닫고 바깥바람을 피하며 난다. 가정집도 사무실도 달리는 자동차까지도 문이란 문은 빈틈없이 꼭꼭 처닫는다. 에어컨문화가 만들어낸 여름을 사는 새로운 모습이다. 밖은 사막 같은 무더위지만, 에어컨이 작동하는 방은 가을 기온으로 여름을 누리는 시대이니 시답잖은 부채로 더위와 씨름하던 시절은 까마득한 옛이야기가 되었다. 사람들은 아주 짧은 시간에 현대문명의 편리함에 길들고 부채는 간신히 그 명색만을 유지하고 있다. 유한한 생명처럼 물질도 필요에 한계가 있다는 사실을 새삼 깨닫는다.

한 나라의 에너지소비량은 산업의 발전과 부와 문명의 척도이다. 그 에너지원의 대부분은 화석연료로써 지구온난화를 부르는 환경변화의 가장 큰 적이기도 하다. 우리나라의 석유수입 규모는 세계 여섯 번째이고 그 규모만큼 지구 온난화의 원인이 되는 온실가스도 많이 배출한다. 자연의 푸른 숲을 뒤엎어서 자동차들이 질주하는 도로를 닦고 우람한 현대식 건물들을 세웠다. 결국, 자연의 보전과 발전은 필연적으로 충돌할 수밖에 없다. 우리가 부채 대신에 선풍기와 에어컨의 시원함을 마음껏 누릴 때 지구와 대기는 곪아서 누렇게 병들어가는 것이다.

기후도 생태계도 눈에 띄게 변하고 있다. 폭염, 폭우, 초대형 폭풍 등 기상이변이 잦아졌고 식물과 어류 등의 서식지역이 이동한다. 지금의 속도로 지구온난화가 계속 진행된다면 머지않아서 우리나라는 아열대 기후로 변할 것이란 전망을 하고 있다. 문명의 혜택을 누리는 순간에 자연은 희생되고 그 결과는 새로운 시련으로 돌아오는 것이다. 예전 같지 않은 계절의 변화와 혹독해지는 더위 앞에 부채와 모깃불로 여름을 나던 옛날이 그리워진다. 비록 생활은 곤궁했지만 때 묻지 않은 자연에 환경오염이란 말조차 생소하던 그 여름은 순수했었다. 그 숱하던 반딧불이도 살 수 없는 환경, 누런 황사가 하늘을 뒤덮고 흙비를 내리는 세상, 예측하기 어려운 기상이변이 생존을 위협하는 자연의 변화에 두려움을 느낀다.

추위보다도 더 무서워지는 더위, 뒤틀어져가는 생존 환경, 자연을 경시하는 개발과 발전에 더는 박수를 보낼 수가 없을 것이다. 언제까지나 현실의 편리함에 빠져 미래를 외면할 수는 없지 않은가. 반짝이는 별빛 아래 오순도순 가족의 정을 쌓던 그 낡은 부채 소리가 더욱 그리워지는 여름밤이다.

전어구이

전어 굽는 냄새에 집 나간 며느리도 돌아온다는 말이 있다. 그런 전어를 외면하고 가을을 보낸다는 것도 서운하지 않을까 싶었다.

추석을 며칠 앞둔 휴일에 국립공원 변산반도를 찾았다. 자연의 변화에 민감한 사람들은 여름이 지나자 물가에서 산으로 계절을 따라갔다. 아직은 단풍이 이른 가을 초입인데도 내소사와 선운사를 찾는 사람들이 줄을 잇는다. 사찰로 들어서는 초입에는 큼직한 전어들이 지글거리며 지나가는 사람들의 입맛을 유혹하고 있었다. 절 앞에서 푸짐하게 구워대는 전어를 보며 인간의 욕구 중에서 식욕이 그 첫 번째란 생각을 한다.

바닷가 하면 싱싱한 생선회가 먼저 생각나게 마련이다. 채석강을 돌아나와 격포항을 구경할 겸 어시장을 들렀다. 팔팔한 활어들이 좁은 어항에서 자신의 선택을 기다리고 있다. 잠시 뒤의 운명은 아랑곳하지 않고 유유히 헤엄을 치는 놈, 죽은 듯이 엎드려 있는 놈, 누워 있는 놈 등. 세상을 저렇게 시름없이 살 수는 없을까, 슬그머니 부러운 마음이 든다. 어시장바닥을 한 바퀴 돌고 난 아내가 운전할 사람이 술도 한 잔 곁들일 수 없는 생선회를 무슨 맛으로 먹느냐고 이의를 제기한다. 내 식성과 음주습관을 잘 아는 아내의 한 발 양보였다. 포기한 생선회에 입맛을 다시며 대신할 식당을 찾아 주차장 주변으로 발을 옮겼다. 어느 식당 앞을 지나려니 지글지글 전어를 굽던 나이 지긋한 아주머니가 값을 싸게 해준다며 매달리다시피 권한다. 그 말만 믿고 식당에 들어서니 한가히 앉았던 두 아가씨가 말없이 맞이한다. 식당 안은 십여 개의 식탁에 하얀 종이를 깔아서 제법 정갈해 보였다. 텅 빈 식당이 우리가 첫 손님일지도 모른다는 생각을 하게 했다. 그래서인지 주인아주머니까지 따라 들어와 메뉴판을 내놓고 이것저것 설명을 주워대며 주문을 재촉한다. 생각보다 전어가 비싸다는 생각도 들고 양도 너무 많을 것 같아서 메뉴판에 있는 가격의 반만 주문하기로 했다. 사실 우리는 전어구이를 먹어본 기억이 없어서 유명하다는 그 맛은 잘 모른다. 다만, 제철을 맞은 가을 전어가 깨소금 맛이라는데 그 맛을 한 번 음미해 보겠다는 것이었다.

"전어구이를 반만 주문해도 되나요?"

"그럼요. 뭐 다른 것도 더 해 드릴까요."

"아니오. 전어구이에 공깃밥만 주세요."

주문이 생각보다 적어서인지 돌아서는 주인아주머니의 표정이 영 마뜩찮아 보였다. 비록 기대의 잣대는 주인 자신이 세웠을 망정, 내가 남에게 실망을 주었다면 그것 또한 마음이 편치 않으니 세상살이란 별일에도 다 신경이 쓰인다.

조금 뒤 들여온 접시에는 꼭, 손가락 두 개를 겹친 굵기의 자잘한 전어가 여남은 마리 누워 있었다. 식당 앞에서 발길을 잡던 전어는 손바닥만한 것이 제법 큼직했는데 이것은 마치 골라준 것같이 너무 작다는 생각이 들었다. 내심 차별을 하는 것 같아서 마침 뒤따라 들어온 옆 손님의 식탁을 곁눈질해 봤다. 우리 전어와는 비교가 안 되게 커 보였다. 남의 떡이 크게 보이는 것은 영영 버릴 수 없는 마음의 눈인가. 그런 눈으로 보는 옆 손님의 전어가 훨씬 더 크게 보였을지도 모른다.

배고픔에 허덕이던 군대 시절, 비슷하게 퍼준 밥이지만 늘 옆 사람의 밥이 더 많아 보였다. '식사개시' 명령을 기다리는 그 짧은 순간에 슬그머니 불량한 양심이 발동을 해서 눈 깜짝할 사이에 밥그릇을 바꿔 놓고 나면 먼저 밥이 더 많아 보여서 곧 후회를 하고 말았다. 그래서 웬만하면 주어진 그대로를 받아들이며 사는 것이 행복의 길이란 생각을 하게 했다.

우리 부부가 새끼전어의 콩알만한 머리에서 깨소금이란 보물을 찾느라고 헤집어 발라낸 부스러기가 처음 부피보다 훨씬 더 많아졌다. 먹는 방법은 서툴고 작은 고기에서 살코기를 고르느라 이리저리 흩어 놨으니 당연한 결과다. 식당에 새 손님 들어와 우리 건너편 상에 자리를 잡았다. 식사를 끝낸 아내가 그 옆을 지나서 자동판매기커피를 뽑아오더니 까르르 까르르 웃기 시작한다. 옆 사람들이 무슨 일인가 하고 흘끔흘끔 쳐다보는데, 나도 영문을 모르니

"이 사람, 왜 이렇게 웃어?"

하고 의아한 눈으로 바라볼 뿐이었다. 웃음을 멈춘 아내는

"저 앞 손님상의 전어는 큼직큼직한데 우리가 먹은 손가락만 한 새끼전어를 생각하니 웃음이 나와서 참을 수가 있어야지요."

하며 또 웃는다.

내가 계산을 하는데 이제는 그 집 아가씨가 나를 보고 실실 웃는 것이었다. 왜 웃느냐고 해도

"아무것도 아니어요."

하면서 또, 웃는다.

다음 날 출근을 해서 어제 있었던 일을 재미삼아 떠들어댔다. 그런데 의외의 말이 나오는 것이었다. 전어는 이것저것 가릴 것 없이 꼭꼭 씹어야 제 맛이 나기 때문에 작은 것이 오히려 먹기가 좋다는 것이다. 식당 종업원 아가씨가 날보고 웃던 까닭을 그제야 알 것 같았다. 전어를 잔뜩 헤집어만 놓고 일어서는 한심한 우리 부부가 얼마나 답답했을까. 그때 넌지시 훈수라도 한 마디 해 주었으면 좋았으련만. 모두가 내 무식함에서 오는 오해라고 생각하며 어제 일은 한바탕 웃음으로 모두 날려버렸다.

그러나, 여보! 우리가 먹은 전어가 작기는 너무 작았어. 그래도 이틀씩이나 우리에게 즐거운 웃음을 안겨 주는 것을 보면, 역시 가을 전어가 소문처럼 깨소금 맛인 것은 분명한 것 같지 않소.

어항 속의 세상

우리 집 거실에 놓여 있는 작은 어항에는 또 하나의 세상에 생존의 질서가 있다.

작년에 작은아들이 사각의 유리어항에 구피라는 열대어종 십여 마리를 넣어왔다. 그 중에는 배가 불룩한 어미도 더러 눈에 띄었다. 어종이 작다 보니 어미라 해도 아주 작은 피라미 정도의 크기이지만 붉은색과 검은색이 잘 조화된 큰 지느러미가 인상적이었다. 처음에는 물을 갈아주고 관리하는 일이 만만치 않을 것 같아서 관심이 심드렁했으나 옆에 두고 지내다 보니 나름대로 애착도 생기고 돌보는 재미도 우러났다. 물고기들은 인기척을 귀신같이 알아차리고 먹이를 기다리며 물 위로 모여든다. 쉬지 않고 어항 속을 오르내리며 수초 사이를 누비는 생동적인 모습에서 건강한 생명의 에너지와 활기를 느낀다. 제 몸보다도 긴 지느러미를 흔들며 언제나 기다렸다는 듯이 반긴다. 내가 넣어 주는 먹이를 부지런히 받아 먹는 모습에서 나도 필요한 존재라는 자각이 일기도 한다. 우리 가족은 시나브로 어항의 물고기에서 은근한 기쁨과 활력을 얻고 있었다. 무엇이건 가까이하고 관심을 두다보면 자연히 정은 들고 서로 기쁨을 나누며 사는 것이 삶인가 보다. 어느새 어항 속의 물고기는 우리 생활의 일부로 한 식구처럼 생각되었다.

좁은 어항 속에도 생사의 축복과 비극적인 운명은 끊임없이 일어난다. 새 생명이 태어나고 또, 죽어가는 현실을 눈으로 볼 수 있다. 아마, 그들이라고 생로병사生老病死의 고통과 희로애락喜怒哀樂의 감정을 피할 수는 없을 것이다. 물고기를 들여온 지 얼마 지나지 않아 한 놈의 배가 통통하게 불러오며 아랫부분이 검은색을 띠기 시작했다. 마침 집에 들렀던 조카댁이 새끼를 밴 것이라며 관리요령을 자세히 알려주고 갔다. 그날부터 언제 출산할지 모르는 어미를 다른 그릇에 격리시켜 놓았다. 열대어는 몸 속에서 알을 부화시켜서 새끼를 낳는다. 어린 새끼를 성어는 물론이고 제 어미까지도 잡아먹기 때문에 낳는 대로 곧 떼어 놓아야 한다.

며칠 뒤 저녁에 텔레비전을 보던 식구들이 어미가 있는 유리그릇에서 아주 미세한 움직임을 느꼈다. 본래 어종이 작은 탓에 갓 태어난 새끼는 자세히 살펴보지 않으면 식별이 쉽지가 않다. 드디어 어미가 새끼를 낳기 시작한 것이었다. 새로운 생명이 태어나는 신비한 광경이 눈앞에서 일어나고 있었다. 내가 새끼 낳는 것을 처음 본 것은 우리 집 암소가 송아지를 날 때이다. 서 있는 채로 산고를 겪던 어미 소가 송아지를 머리부터 낳기 시작하더니 짚을 깔아놓은 바닥에 뚝 떨어뜨렸다. 그리고는 제 새끼의 온몸을 핥아주었다. 갓 태어난 송아지는 안간힘을 다해 스스로 일어서기를 여러 번 시도하더니 아슬아슬한 실패를 거듭한 후에야 어정쩡하게 뒤뚱뒤뚱 걷기 시작했다. 누가 가르쳐주지 않아도 본능적으로 일어서서 걷는다. 간난 물고기새끼도 어미 뱃속에서 나온 그 순간부터 조랑조랑 물 속을 헤엄치기 시작한다. 식구들은 새 생명이 태어날 때마다 얼른 떠서 다른 그릇에 옮겨 놓기 시작했다. 밤 열 시부터 출산을 시작한 어미는 자정이 넘는 시간까지 계속되었다. 나는 그날 밤에 태어난 새끼를 세다가 아예 포기를 하고 말았다. 눈짐작으로도 한 50여 마리가 넘을 것 같았다. 그 조그만 어미 물고기의 뱃속에서 그렇게 많은 새끼를 낳는다는 것이 믿어지지가 않았다. 긴 고통을 감내한 어미는 번식의 본능에 충실하고 다시 본래의 어항 속으로 돌아갔다.

며칠 후 큰 어항 속에는 간난 물고기 여남은 마리가 큰 고기들을 피해가며 놀고 있었다. 엊그제 낳은 새끼들은 다른 그릇에서 자라고 있으니 아마, 또 다른 어미가 어항 속에서 급히 새끼를 낳은 것 같았다. 그러나 그 수가 너무 적은 것을 보면 이미 대부분은 희생되고 약삭빠르고 강한 놈만 살아 있는 것 같았다. 건강하게 활동하는 저 어린 새끼들이 생명의 위협을 받지 않고 평화롭게 자라는 세상은 없을까.

새로 태어나는 엄청난 수의 새끼가 손실 없이 그대로 성장한다면 아마, 세상의 물 속은 온통 물고기로 가득할 것이다. 그토록 많은 새끼를 낳는 것은 당연한 희생을 예측한 생존의 이치다. 소중한 생명을 생물의 종류로 차별할 수는 없다. 그러나 누군가 죽어줘야 내가 살 수 있는 냉혹한 현실이라면, 경쟁은 살아남기 위해서 죽는 순간까지 연속되는 필생의 생존전쟁이다. 만약에 내가 경쟁이 없는 세상을 산다면 아마, 무력감에 빠져 생존의 가치를 깨닫지 못할 것이다. 결국, 산 자의 삶은 패배자의 죽음을 은혜로 사는 것과 다름없으니 내가 살아 있다는 것, 그것만으로도 대단한 축복이 아닐 수 없다.

한 번에 엄청난 새끼를 낳는 물고기의 생태를 충분히 이해할 수가 있었다. 그러나 번식의 양적인 배분은 결코 물고기 자신이 조절할 수 있는 능력은 아닐 것이다. 그 생명을 조절하는 자는 과연 누구인가. 그 의문은 풀 수 없는 자연의 영원한 신비이다.

내가 새로 태어나는 새끼들을 격리해서 보호해 주는 것이 과연 옳은 일일까. 그 의문은 내가 지금 자연의 순리를 거역하는 것은 아닐까 하는 또 다른 의문을 갖게 한다. 앞으로도 어린 물고기새끼를 격리하여 보호해 주어야 하나, 아니면 어항 속의 세상을 인정하고 그대로 두어야 하는가, 그것이 문제로다.

그럼에도, 오늘 아침에 아내는 만삭이 되어 배가 통통한 어미고기를 조그만 유리그릇으로 옮겨 놓고 있었다.

여름을 나며

어둠이 가시지 않은 이른 아침, 산책길에 부는 바람이 어제보다 한결 시원해지고 이슬 맺힌 풀잎에서는 벌써 초가을 향기가 묻어났다. 동녘에 떠오르는 아침 해, 어두운 하늘이 반쯤 열리고 높은 하늘에 걸린 구름 한 점이 수줍은 듯 불그레하게 물들었다. 계절이 오가기를 헤아릴 수 없이 거듭하여도 태양은 언제나 밝고 찬란하다.

올여름의 유난한 무더위는 견디기 힘든 고통이었다. 여름 한낮에 찌는 더위야 당연하다 할지라도 밤까지 이어지는 지루한 열대야현상이 사람을 더 지치게 했다. 해가 갈수록 위세 등등해지는 더위에 여름이란 계절이 두려워진다. 이런 변화에 적응하기 위해서는 월하준비越夏準備를 단단히 하지 않으면 안 될 것 같다. 9월에 접어들자 더위의 맹렬함이 조금은 누그러지고 가을이

다가오고 있는 느낌에 무거운 짐을 덜어낸 듯 마음은 한결 가벼워졌다.

젊은 날에는 여름을 즐거운 마음으로 기다렸고 산과 강과 바다에서 가슴에 솟는 젊음을 들불처럼 활활 태웠다. 그 시절에 무더위는 정다운 친구였다. 여름이야말로 생성활동이 가장 왕성한 계절이어서 만물은 더위로 성장하고 여물어서 고개를 숙인다. 그 청춘과 같은 여름을 누가 힘겹다 하는가. 아마, 여름을 탓하며 게을리 하는 자는 젊음의 맛을 모르는 사람이요, 머지않은 날에 인생을 후회하게 될 것이다.

계절도 자기를 좋아하는 사람을 사랑한다. 미물도 제 사랑을 아는 법인데 하물며 계절인들 그것을 모르겠는가. 더위를 고통으로 여기며 몸을 사리고 멀리하는 자에게 여름은 혹독하다. 사정없는 무더위의 기승에 고통과 불만이 내내 따라오고 여름은 길고 지루하기만 하다. 그러나 여름은 더위를 사랑하는 사람에게 한없는 애정을 보낸다. 무더위와 함께 땀 흘려 푸른 들을 가꾸는 농부를 보라. 너른 바다를 항해하는 굳센 바닷사람을 보라. 미래의 꿈을 키우는 학생들을 보라. 낭만과 사랑의 향기에 취한 청춘을 보라. 그들에게 여름은 기회의 계절이다. 꿈이 자라고 희망이 영그는 아름다운 계절이다.

어리석게도 나는 버릇처럼 지나간 것에 대한 미련과 아쉬움에 가슴을 태운다. 현재의 소중함에 무디고 작은 만족에 눈 돌리며 늘 부족함에 사로잡혔다. 막연한 내일을 믿고 오늘을 가벼이 여기며 귀중한 시간을 허비했다. 인생의 행복이 밖에서 주어지는 것이 아니라 내 안에서 지어짐을 알면서도 게으르고 어리석은 삶을 살지는 않았는가. 지나간 일에 끈끈한 미련이나 아쉬움이 남은 것은 정성을 다하지 않은 삶과 기회를 잃어버린 불민한 자의 마음 저린 후회일 뿐이다. 인생도 그리고 현재도, 이 여름도 모두가 단 한 번뿐인 것을. 그 소중한 인생을 더위에 매여 무의미하게 보낸다면 다가오는 가을은 깊은 회한에 가슴 아파할 것이 분명하다.

오늘 아침 산책길에서 나는 문득 내 인생에 가장 아름다웠던 시절을 돌아보게 되었다. 그토록 어서 가기를 재촉하던 그 여름이 내 인생의 청춘은 아니었을까. 세월의 강을 건너서야 이미 지나간 그 시절을 아쉬워한다. 지겹던 더위를 보내고서야 그 여름이 젊음의 계절이었음을 깨닫는다. 그러나 지나간 것은 그리움 외에 남은 것이 없다.

즐거움도 괴로움도 모두가 내 인생의 하나이듯이 계절도 피할 수 없는 나의 동반자인 것을. 무덥고 긴 여름이 고통인 것은 분명하지만, 인생도 여름만큼이나 반드시 즐거운 것만은 아니다. 지구의 온난화로 여름은 점점 더 더워지고 길어지고 있다. 이런 세상에 이 더위를 고통으로 여긴다면 내일의 또 다른 계절도 고통일 수밖에 없을 것이다.

지난 봄, 출근길에 지나는 교차로에는 꽃잔디가 자주색 카펫을 깔아 놓은 듯 화려했다. 그 꽃잔디 향기가 부드러운 봄바람에 날아와 가슴을 흠뻑 적셔주었다. 덥지도 춥지도 않은 안온한 날씨, 사방에 다투어 피는 아름다운 꽃들, 향기로운 봄 냄새, 그런 계절이 늘 우리 곁에 있다면 얼마나 좋겠는가. 그러나 엄동이 있기에 따뜻한 봄이 오고, 무더운 여름이 있기에 풍성한 가을을 맞이할 수가 있지 않은가. 세상의 모든 것은 어느 것 하나 없이 필요에 의해 존재하는 것. 이제는 무덥고 지루한 여름을 젊은 시절의 그 즐거운 계절로 만드는 것이 나의 월하준비越夏準備이다.

마음의 짐이란 의식하면 할수록 점점 더 무거워지고 내 것으로 인정하고 받아들이면 본래부터 존재가 없는 것이었다.

그때 그 사람

"소대장님~ 어쩐 일 이셔유~."

이등병의 어이없는 그 말 한 마디에 잔뜩 벼르고 있던 마음은 온데간데없이 사라지고 엉뚱한 웃음보가 터지고 말았다.

6·70년대에는 북한의 해상침투가 극에 달해서 해안선에도 휴전선과 다름없는 경계가 삼엄했다. 바닷가에는 초겨울이 되어도 훈훈한 해풍이 불어오고 오징어잡이 선단이 먼 도시의 불빛처럼 수평선을 밝혔다. 밤 바닷가 암석지대에 가만히 귀를 기울이면 두런두런 아주 은밀한 대화를 나누는 환청이 일고, 파도에 쓸리는 수중 암초가 마치 헤엄치는 사람의 머리처럼 보여서 졸던 초병이 놀라 오인사격을 하는 일도 종종 일어났다.

동해안에서 소대장으로 근무하던 어느 겨울밤, 카빈총으로 무장을 하고 혼자서 야간 순찰에 나섰다. 해변의 험한 동초 길을 따라 띄엄띄엄 서 있는 초병들을 격려하며 어느 마을 앞 백사장에 도착했다. 그런데 그 자리에 있어야 할 경계병이 보이지 않는 것이었다. 불안한 마음에 갈 만한 곳을 모조리 찾았으나 종적을 잡을 수가 없다. 마을 앞 바닷가에는 향토예비군들이 사용하는 향군막사가 하나씩 있었다. 간첩과 공비 침투에 대비해 예비군도 자기 마을을 지키는 경계근무에 나서던 시대였다. 나는 마지막 기대를 걸고 그 빈 막사의 문을 열었다. 백열등이 희미한 방안에 철모를 쓰고 혼자 앉아 있는 병사가 눈에 들어왔다. 전입 온 지 얼마 되지 않는 신병이었다. 총을 어깨에 메고 두 다리를 쭉 뻗은 아주 편안한 자세로 앉아 있었다. 문 여는 소리에 슬그머니 고개를 돌린 병사는 나를 알아보는 것 같았다. 나는 혼자서 속을 태우며 찾던 병사를 발견하자 반가움에 소리쳤다.

"야, 이놈아! 너 여기서 뭐하니?

그러나 그는 대수롭지 않은 듯, 앉은 자세를 흩트리지도 않은 채

"소대장님~ 어쩐 일 이 셔 유~."

순전한 충청도 사투리로 아주 여유 있는 한 마디를 던지는 것이었다. 그 순간, 나도 모르게 웃음이 폭발하듯 터져 나왔다. 그 엉뚱하고 천진한 말에 웃지 않았다면, 그것도 평범함은 아니었을 것이다. 경계근무지를 이탈한 그 병사에게서 죄책감이나 부담감이란 어디에서도 찾아볼 수 없었다. 웃음을 추스르고 나서 다시 부드러운 어조로 물었다.

"너는 왜 근무지를 이탈해서 여기에 있나."

"추워서 좀 들어 왔 씨 유~."

갈수록 태산이라더니 하는 대답마다 가관이다. 이 녀석이 군인의 본분은 어디다 팔아먹고 시골 샌님 하나를 꿰차고 앉아 있었다. 이쯤 되자 전세는 역전되어서 오히려 내가 사태처리의 난처함에 빠지고 말았다. 혼을 내고 벌을 주자니 이미 한바탕 웃음으로 마음은 풀어졌고, 그냥 묵인하자니 군기軍紀가 항의하며 들고 일어섰다. 사태로 봐서는 당연히 그의 잘못을 엄중히 추궁하고 꾸짖어야 했다. 그러나 상상을 넘는 그 여유와 가식 없는 언행에 모든 허물을 한바탕 웃음으로 대신하고 어깨를 다독여 주고 돌아설 수밖에 없었다.

젊은이들만의 병영생활에 고문관이란 별명이 붙는 병사가 있었다. 본디 그 말은 자문에 응하는 관리란 뜻이지만, 병사들 세계에서는 행동이 굼뜨고 엉뚱하게 행동하는 사람의 별호다. 그 고문관들에게는 공통점이 있다. 당면한 현실상황과는 거리가 먼~ 자기만의 생각, 웬만한 일에는 쉽게 서둘거나 동요하지 않는 느긋함이다. 그런 행동이 주위사람들을 답답하게 한다. 그 신병도 고문관 대우를 받기에 아주 알맞은 수준이었다.

그때에는 그토록 답답하던 고문관의 그 여유가 요즘 들어 새삼 부러워지는 연유는 무슨 까닭일까. 그들이 마치 선각자같기도 하고 오히려 존경심마저 드는 것이다. 매사에 서둘거나 아쉬워할 것도 없고 남의 이목에 연연하지도 않으며, 여유로운 웃음으로 자기만의 세상을 살 줄 아는 그런 고문관을 닮고 싶어진 것인가.

종종걸음을 치며 쫓기듯 살아온 지난날들이었다. 작은 일에도 마음을 놓지 못하고 세상을 혼자 짊어질 듯이 살아왔다. 이제는 그것을 훌훌 벗고 고문관의 여유로 살고 싶다. 잊혀가던 그때 그 병사의 모습이 새삼스럽게 떠오른다. 지금은 초로의 나이가 되어 귀여운 손자들을 어르고 있겠지. 예전의 그 여유로움을 지금도 여전히 누리고 있을까. 그때 그 사람이 그립고 궁금하다.

제2부

잃어버린 폭포
바닷가에서
가족, 그 사랑과 그리움
마지막 사랑
고향에 부치는 편지
내 아들의 고향이 없다
그대가 있어 행복하다
하비
남김없이 사랑해라
천 년 은행나무 앞에서
시계 없는 세상

잃어버린 폭포

산 중턱에 모신 부모님 산소에 오르니 확 트인 시야에 가슴이 시원하다. 가을걷이가 끝난 텅 빈 들판 끝으로 금강이 굽이지며 유유히 흐르고 있다. 강물 따라 흐르는 세월이 그리움의 낡은 추억을 불러들였을까. 문득, 어린 시절 강 건너 옥계 폭포로 소풍갔던 아릿한 기억이 떠올랐다.

폭포는 고향마을에서 멀지는 않지만, 행정구역으로는 군계郡界를 넘는다. 충렬과 향수의 고장 옥천에서 4번 국도를 따라 남으로 가면 묘목산지로 유명한 이원을 지나서 금강을 만나게 된다. 그 부근이 옥천군과 영동군의 경계이고 강 건넛마을이 나의 고향이다. 그곳에 내 아홉 살까지의 소중한 추억이 담겨 있다. 그 시절 금강에는 경부선 철교만 놓여 있어서 마을 사람들은 사공이 젓는 나룻배로 강을 건너다녔다. 강 건너 신작로를 달리는 가물가물한 자동차의 뒤로 뽀얀 먼지가 연막처럼 일었다. 뒷동산에 올라 간간이 지나가는 자동차를 보며 먼 세상을 향한 그리움을 키웠다. 지금도 문득문득 가슴속에 이는 그리움은 아마, 그 시절 그곳에서부터 시작되었을 것이다.

가슴을 부풀게 하던 초등학교 소풍날이었다. 어린 병아리들은 줄을 지어 학교 앞 너른 들판을 지나 강변 나루터에 도착했다. 작은 나룻배에 앉아 시원한 강바람을 가슴에 안으니 삐그덕~ 삐그덕~ 사공의 노 젓는 장단에 맞추어 배가 흔들린다. 앞을 바라보고 있으면 배는 가지 않는데 건너편 땅이 어지러이 내 앞으로 다가오는 것만 같았다. 강을 건너서 계곡 깊은 곳에 이르자 길은 끊어지고 수직의 절벽에서 떨어지는 신비로운 폭포가 나타났다. 까마득히 높은 절벽에서 떨어지는 세찬 물줄기가 웅장한 소리를 내며 하얀 물보라를 만들고 서늘한 기운이 온몸을 휩쌌다. 물이 떨어지는 곳에 생긴 깊은 웅덩이가 신비감을 더하고 물 속에서 금방이라도 전설의 용이 솟아오를 것만 같았다. 그때 바위틈으로 자라난 작은 나뭇가지에 두 마리의 파랑새가 날아와 앉았다. 선생님이 그 파랑새에 얽힌 슬픈 전설을 들려주셨다. 옛날 그 주변 어느 마을에 일찍 어머니를 잃은 어린 자매가 살았다고 한다. 그 자매는 새로 들어온 계모의 학대를 견디다 못해 이 폭포에 빠져 죽고 만다. 그 슬픈 혼이 두 마리의 파랑새가 되어서 여기를 떠나지 못한다고 했다. 옥계 폭포는 전설이 살아있는 자연 그대로의 순수한 곳으로 지금도 내 추억속에 고스란히 남아 있다.

잊혀가는 흐릿한 옛 기억들을 더듬으며 옥계 폭포 가는 길로 들어섰다. 산 아래로 강과 나란히 뻗은 국도를 달리면 물 속에 잠긴 가을 산이 나를 따라온다. 금강은 사시장철 큰 산을 가슴에 품고 산다. 산은 수많은 세월을 가슴에 묻었고 강은 그 산을 품은 채 수천 년의 세월을 말없이 흐르고 있다. 길모퉁이를 돌아서자 폭포 입구를 알리는 안내판이 나타났다. 그 앞에서 세월에 덮여버린 옛 흔적을 찾아 사방을 둘러보지만, 모두가 생소하기만 하다. 자동차의 교차가 어려운 좁은 길을 따라 계곡으로 들어섰다. 뜻밖에 앞을 가로막는 큰 불상과 건물이 한눈에 들어온다. 하필 이 경치 좋은 곳에 봉안당을 만들었을까. 계곡의 수려한 경관과 어울리지 않는 그 시설이 보는 이의 마음을 안타깝게 한다. 그곳을 지나자 조그만 주차장이 나타나고 예전에 없던 작은 저수지에서 하얀 물줄기가 하늘 높이 솟아오르고 있었다. 떨어지는 폭포 앞에 솟아오르는 분수가 마치 엇갈린 운명과 같은 묘한 감정을 던져준다.

폭포는 수량이 부족해서인지 저수지 물을 끌어올려 낙차를 시키고 있었다. 그 방법이야 어떠하든 언제나 마르지 않는 폭포를 볼 수 있으니 얼마나 다행스러운 일이랴. 산 중턱을 지나는 한 아름이나 되는 수관이 눈에 훤히 보인다. 그것이라도 눈에 띄지 않으면 좋으련만……. 주변에 깔아놓은 산뜻한 보도블록, 청사초롱을 닮은 화려한 외등, 폭포 앞을 가로지른 무지개 모양의 화강암 다리와 관망대, 깔끔하게 조성된 물막이며 넓은 개울 등, 모두가 반듯하고 고급스러우나 옛것은 사라지고 현대식 치장뿐이다. 그 주변은 깔끔하고 호화스러우나 자연적인 산세와 어우러진 아름답고 신비롭던 폭포는 그곳에 없었다. 슬픈 전설을 낳은 파랑새도 어디론가 날아가버렸고 흔적조차도 남은 것이 없다. 그 순간 부조화라는 단어가 내 마음을 안타깝게 한다. 나는 물 위에 떨어진 낙엽처럼 흘러가버린 옛 추억을 더듬으며 더 깊은 그리움에 빠져들었다.

이끼 낀 옛 옥계 폭포는 멀리 날아가버린 파랑새를 따라갔는가. 불현듯 아름다운 폭포를 잃은 허전함과 아쉬움이 가슴에 밀려든다. 이제는 지난날의 옥계 폭포와 또 하나의 새로운 폭포가 나를 더한 그리움에 젖게 할 것이다.

바닷가에서

우리는 계절에 따라 각기 다른 감정을 느낀다. 때로는 희망이 솟고 역동적인가 하면 허전함과 쓸쓸함으로 가슴을 적실 때도 있다.

가을에 찾아간 텅 빈 해수욕장은 인적이 끊어지고 적막감만 감돌았다. 그 흔한 상가마저도 눈에 띄지 않고 언덕 위에 외로운 모텔만이 화려한 네온등을 반짝이며 어두운 밤하늘을 유혹하고 있었다. 여름 한 철 넘쳐나는 사람들로 북적였을 이곳, 지금은 허물어진 안전감시탑의 뼈대만 덩그러니 남았다. 언제 이곳에서 수많은 사람이 정열과 사랑을 불태우고 낭만과 행복에 가슴 벅차했을까. 지금 이 바닷가에서 그때를 상상하기란 어려울 것 같았다.

밤이 되자 잔잔한 파도소리만 숨죽여 가만가만 소리를 내고 있었다. 아직은 초저녁에 이르는 밤, 그마저 잠들어 버린다면 바다는 깊은 산중의 고요와 다를 바가 없을 것이다. 그러나 그 쓸쓸함도 오래 가지는 않았으니 산을 타고 떠오르는 상현달이 있었다. 바다는 달빛으로 짙은 어둠을 걷어내고 서서히 제 모습을 드러냈다. 은은한 달빛은 일렁이는 물결 위에 한가로이 노닐고 끝없이 밀려와 부딪치는 파도가 하얗게 부서진다. 교교한 달빛아래 고요한 밤 바닷가는 한 폭의 아름다운 그림이 되었다.

달빛이 쏟아지는 백사장을 거닐며 아내와 나는 작은 논쟁을 벌이고 있었다. 지금의 이 바다는 밀물인가 썰물인가. 쉽게 드러내지 않는 바다의 복심腹心을 두고 우리는 서로 상반된 주장을 내세웠다. 그 논쟁이 유치하고 부질없음을 모르는 바는 아니다. 그러나 이 텅 빈 해수욕장에서 그 논쟁거리마저 없다면, 먼 바다를 향해 미친 듯 함성이라도 내질렀을 것이다. 그때 어둠 속에 달이 떠오르듯 빈 백사장에 한 무리의 사람들이 나타났다. 서너 가족의 젊은 부부와 어린 자녀가 가을여행을 온 것인가. 백사장 끝에 있는 G대학 연수원이 오늘밤 우리가 묵을 숙소이다. 그들도 우리와 같은 숙소에 머무는 유일한 동숙자 같았다. 그 가족들이 어둡고 빈 백사장에 모닥불을 활활 피우니 주위는 새로운 활기가 생겨났다. 우리는 연수원 정원에 앉아서 그들의 모닥불 놀이를 지켜보고 있었다. 서로 손에 손을 맞잡고 모닥불을 돌며 노래를 부른다. 한 차례 유희가 끝나자 이제는 폭죽을 터트리기 시작한다. 한 사람씩 또는 모두가 일렬로 서서 하늘로 쏘아 올리기도 한다. 그때마다 공중에는 별이 무수히 만들어지고, 다시 우수수 떨어지고 그것을 마냥 즐거워하는 기쁨의 소리가 쓸쓸한 가을바닷가에 울려 퍼진다. 모닥불 가에 흐르는 저 행복은 젊은 부모들이 사랑하는 자식들에게 주는 소중한 선물이리라. 지금 가슴으로 주고받는 저 가족의 사랑과 이웃의 정은 아주 오래도록 아름답고 소중한 기억으로 간직될 것이다.

나는 모닥불 가에서 지난날 우리의 모습을 돌이켜보고 있었다. 얼굴에 주름살이 늘어가니 어린 자식들은 어느새 장성한 청년이 되었다. 내 인생에 가장 큰 아쉬움을 꼽으라면 그것은 자식들에게 못다 한 아비의 노릇이다. 자식들에게 가장 중요한 시기인 중·고등학교 시절을 같이 하지 못했다. 내가 집에 오는 기회가 적은 대신에 아내가 전방지역까지 나를 찾아와야 했다. 이제 자식들에게 아버지가 꼭 필요한 시기는 지나갔고 가장 소중한 것을 주지 못한 아쉬움과 후회만 내 가슴에 체증처럼 남았다. 지금 저 모닥불 가에 눈길을 멈춘 아내도 지난날의 회상에 젖었는지 아무 말이 없고 무심한 파도는 하얀 물거품만 토해낸다.

방안 깊숙이 파고드는 달빛에 잠을 이룰 수가 없었다. 밤새도록 뒤척이는 동안에 어스름 반달마저도 기울어간다. 간신히 눈을 붙인 새벽잠결에 아련히 들려오는 파도소리가 선잠마저 깨우더니 먼동이 터오는 새벽이 나를 바닷가로 불러냈다. 아침 바다는 지나간 세월마냥 아주 멀리까지 썰물이 되어 달아나 있었다. 그 동안 비밀스레 감추어 두었던 소중한 마음이듯 물이 나간 자리에는 바다의 속살이 훤히 드러났다. 밝아오는 아침 기운에 달은 제 빛을 잃고 백발같이 헝클어진 모양으로 하늘 한쪽에 형체만 하얗게 떠 있다. 지금 바닷가에는 어젯밤의 그 어둠도 밝은 달빛도 그리움을 불러오던 모닥불까지도 모두 사라지고 타고 남은 재만 바람에 흩날린다. 어느새 잡을 수 없는 기억만 남기고 돌아올 수 없는 시간을 따라 멀리 사라져버린 것이다.

내 젊은 시절에 저 바다는 뜨거웠고 늘 희망의 돛단배가 떠 있었다. 그러나 지금은 지난날을 반추하고 그리워하며 조용히 바닷가를 걷는다. 그 화려한 여름은 가고 쓸쓸한 가을을 걷고 있다. 계절은 언제나 소리도 없이 그리도 빠르게 지나가는 것을……. 나는 여름이 지나간 빈자리에서 서럽도록 아쉬운 마음으로 지나간 날을 돌아본다. 인생은 언제나 현재에 사는 것, 내일을 기다리면 오늘은 어느 틈에 내 곁에서 사라지고 없었다.

가족, 그 사랑과 그리움

만남과 이별이 교차하는 기차역. 상행선 열차를 기다리는 전주역 플랫폼에는 봄비 속에 겨울이 남기고 간 싸늘한 바람이 불고 있었다. 태양은 보이지 않아도 시간은 하루를 어김없이 거두어간다. 아직 햇잎이 돋지 않은 썰렁한 나무, 후줄근하게 비에 젖은 도시가 을씨년스럽다. 이런 날은 아늑한 내 집과 따뜻한 가족의 체온이 더욱 그리워진다.

새로운 삶의 방식인 주말부부. 내 일 주일 만의 귀가는 가족들을 만날 기대로 벌써 마음이 훈훈하다. 전주를 떠난 열차의 둔탁한 진동이 점점 빨라진다. 그 리듬을 타고 울려오는 진동은 모태에서부터 익숙해진 어머니의 심장박동을 닮아서 백지 같은 하얀 평안을 안겨준다. 지금은 삶에 헝클어진 온갖 상념들까지도 호흡을 멈추고 나만의 안식을 누리는 소중한 시간이다. 봄을 안고 내리는 비가 차창에 부딪힌다. 작은 빗방울들은 서로 만남을 반기며 하나가 되어서 유리창으로 흘러내린다. 비는 본래 하나가 흩어져서 작은 빗방울이 되었는가. 마치 잃었던 가족을 다시 만난 듯이 하나 되기를 주저하지 않는다.

열차는 널리 펼쳐진 호남평야지대를 지나고 있었다. 봄비 속 지평선은 아득하고 저녁 안개 설핏한 들판에 고즈넉한 마을들이 차창을 스쳐간다. 낯설지 않은 정겨운 농촌풍경이 잊은 듯이 멀어졌던 향수를 불러온다. 추억의 갈피에 고이 접혀 있던 유년의 추억, 그 단란한 가족의 정겨운 저녁 모습이 아련히 떠오른다.

어두워지는 '정지'의 아궁이에서 마른 솔잎 타는 향이 집안 가득하고 가마솥에서 밥 익는 김이 모락모락 올랐다. 손자를 업고 어르는 할머니의 구성진 장단에 어둠은 내리고 할아버지의 헛기침소리와 함께 사랑방에는 희미한 호롱불이 켜진다. 사방을 힐끔거리던 아궁이의 불꽃도 사그라질 즈음, 아버지는 까맣게 그을린 석유등에 불을 밝혀 정지 벽에 내거신다. 온 식구가 둘러앉은 토담 방의 정겨운 저녁상 가로 구수한 된장냄새 그윽하고 신이 난 등잔불은 간들대며 불똥을 튀겼다.

지나간 날들은 모두가 그리움으로 남는다. 돌이킬 수 없는 시간과 잃어버린 사람들의 자취가 내 가슴에 바람 같은 그리움의 공간을 만들어 놓았다. 그리고는 점점 멀어져가는 아쉬운 기억들이 틈틈이 나를 그 안에 머물게 한다. 부모님에 대한 기억은 언제나 내 가슴을 아리게 하고 쌓이는 세월만큼이나 더 짙어간다. 자식들의 배를 채우기도 힘겨운 살림에 딸들을 시집보내고 아들을 도시로 유학보내는 그 무거운 짐들을 무슨 수로 감당하셨을까. 나는 부모님의 그 힘겨운 삶을 버티게 한 명줄의 근원이 궁금했었다. 그것이 자식을 위한 희생과 사랑이었음을 깨달았을 때에는 이미 부모님은 내 가슴속에 묻히신 뒤이다.

우리는 역사의 굽이굽이 가슴에 서린 한만큼이나 그리움도 많은 민족이다. 평안한 날보다는 훨씬 더 긴 인고의 세월을 살아오면서 가족보다 더 든든하고 편안한 안식처는 이 세상에 없었을 것이다. 그 고달픈 삶의 환경이 우리를 어느 민족보다도 끈끈한 가족애로 단단하게 만들었다.

얼마 전, '7남매를 둔 80대 독거노인 냉방서 외로운 죽음'이란 기사가 아직도 내 마음을 맴돌고 있다. 농경문화가 산업화시대에 밀려나면서 핵가족사회로 변화되었다. 인간의 수명이 길어지며 노령인구는 급격히 증가하고 홀로 사는 노인들은 점점 늘어간다. 자식에게 인생 전부를 걸고 살아온 부모의 노년은 효의 사회적 가치가 곤두박질칠 때에 함께 사라져버린 것은 아닐까. 한 가정을 이끌어온 가장으로서 마땅히 공경받아야 할 부모를 돌보지 않는 비정한 현실에 천륜은 그 소용을 다하고 빛을 잃어가고 있다. 가정이라는 사랑의 둥지를 틀고 가족을 지키려 평생을 애쓰다 늙어버린 부모의 자리는 과연 어디란 말인가.

어느덧 기차는 시내로 들어섰고 도시의 휘황한 불빛이 어두운 세상을 밝힌다. 틀에 찍어 내듯이 규격화된 수많은 아파트의 불빛은 하늘까지 치솟았다. 그 직선의 집합체인 사각의 콘크리트 건축물에서 현대인의 이기심과 계산적인 인심을 느낀다. 그래도 어느 아파트의 거실에서는 손자의 재롱을 보는 할머니 할아버지와 아빠 엄마의 행복한 웃음이 손뼉 장단에 맞춰 정답게 울려 퍼지고 있을 것이다. 그것이 곧 우리의 사는 모습이고 아름다운 전통이 아니던가.

겹겹이 쌓이듯 밀집된 도시, 그 집집의 창밖으로 흘러나오는 불빛은 따스하다. 집으로 들어서는 길목에도 여전히 봄비는 내리는데 도시의 불빛 속으로 정겨운 가족들의 모습이 눈에 잡일 듯 가까이 다가온다.

마지막 사랑

설날이 닷새 앞으로 다가왔다. 성모병원 호스피스병동에 계신 큰 매부가 얼마 버티지 못하실 것 같은 예감에 명절 전에는 한 번 더 뵙고 싶었다. 엊그제 특실로 옮겼다는 소식은 들었으나 그래도 설은 넘길 것이란 막연한 믿음으로 무심히 흘려들었다. 늦은 오후, 병동 데스크에서 특실의 위치를 물었다.

"아! 그분, 조금 전 임종하셔서 영안실로 옮기셨습니다."

싸늘한 전율이 온몸을 휩쓸고 지나갔다. 마음 어딘가에 묶여 있던 끈이 스르르 풀어지는 것 같다. 한 발 늦었다는 아쉬움, 영원히 내 곁을 떠나가셨다는 안타까움이 한 방울의 눈물이 되어 가슴으로 떨어졌다. 그토록 질길 것만 같던 생명도 한 잎 낙엽처럼 떨어져서 소리도 없는 미풍에 훌훌 날아가는 것인가.

매부를 마지막 뵌 것은 한 주일 전이었다. 바짝 말라버린 육신은 마치 마른 낙엽 같아서 여든다섯의 노령에도 정정하시던 엊그제 모습을 모두 잃으셨다. 이미 온 기력이 쇠진한 마른 몸을 태우며 애잔한 생명을 간신히 연명하고 계셨다. 뼈만 앙상히 드러난 그분을 대하는 순간 눈물이 핑 돈다. 그래도 삭정이같이 마른 손에서 전해오는 따뜻한 체온만은 평소의 온화한 성품처럼 변함이 없었다. 앙상한 겨울나무 끝의 마른 잎은 바람이 없어도 흔들린다. 그 낙엽과 같은 연약한 생명이었다.

그분의 영혼은 아주 맑고 깨끗할 것이라 믿고 있었다. 그 생각은 지금도 여전하다. 유복한 집안에서 태어나 유명한 전기회사에 다니며 편안한 삶을 살 수 있는 좋은 환경이었다. 그러나 젊은 시절부터 사업에 손을 대기 시작하며 가세가 기울기 시작했다. 천성이 모질지 못하고 인정이 많은 그분에게 사업이란 처음부터 궁합이 맞지 않았는지도 모른다. 사업은 번번한 실패로 이어졌고 살림형편은 점점 더 어려워갔다. 가슴에 맺힌 한이 태산 같으련만 남을 원망하거나 험한 말을 들어본 적이 없다. 거듭되는 실패에도 굴하지 않고 언제나 재기의 희망을 꿈꾸며 내일을 준비하셨으나 안타깝게도 결실을 보지 못한 채 세월만 흘러가고 말았다. 그래도 내게는 늘 희망과 용기를 주시던 부모님 같은 분이었고 언제나 맑고 밝은 모습으로 자신의 곧은 자세와 참된 심성을 잃지 않으셨다.

버거운 짐을 함께 나누어져야 했던 누님은 늘 크고 작은 병에 시달리셨다. 굴곡진 삶에 미움도 없지 않으련만 노부부의 사랑은 유달리도 애틋했다. 달포 전 집에 누워계실 때 들르니 환자보다도 누님이 더 애를 못 삭이시고 눈앞에 다가온 슬픔에 눈시울은 늘 젖어 있었다. 아마, 그때부터 임종을 예감하고 편안히 가시도록 보살피는 것을 마지막 사랑으로 여기시는 것 같았다. 여든이 넘으신 분이 불편한 병실을 떠나지 않고 밤을 지새우며 병시중을 드셨다. 아마, 병상에 누워서도 그런 아내가 고맙기도 하고 한편으로는 걱정도 되었을 것이다. 간간이 기운이 반짝 들 때면 저러다가 저 사람도 쓰러진다며 아내 걱정을 먼저 하신다고 한다. 그래도 속내는 사랑하는 아내가 잠시라도 곁을 떠날까 두려웠을 것이다. 온몸에 퍼진 암세포로 모진 진통을 겪을 터인데도 밖으로는 신음 한 번 크게 내지 않으셨다 한다. 아마, 그것이 아내에게 해줄 수 있는 마지막 사랑은 아니었나 싶다. 노부부가 걸어온 삶의 여정은 고난이었으나 두 분의 사랑은 지극하고 아름다웠다.

병이란 것이 피붙이의 사랑과 소중함을 더욱 새롭게 해주는 기회가 아닌가. 여러 자식과 손자들이 드나드는 병실은 안타까움 속에도 한결 든든해 보였다. 미음을 떠 넣는 며느리가 아버님 잘 드신다고 아기 어르듯 입을 맞춰주는 광경은 요즘 세상에 보기 드문 귀한 모습이었다. 본디가 타고난 착한 심성이겠지만 시부모의 사랑법도 귀중한 교훈이 되었으리라. 비록 병상일지언정 사랑하는 아내와 자식들의 정성어린 수발을 받는다는 것은 더없이 행복한 일이다. 마지막 세상을 떠날 때에 가족들의 사랑을 가득 안고 가는 이별이야말로 큰 행복으로 받아들여야 할 것 같았다. 영원할 수 없는 이승의 삶. 앙상한 마른 나뭇가지 끝에 실낱 같은 명줄을 걸고 근근이 버티던 가녀린 나뭇잎은 무심한 겨울바람에 애처롭게 지고 말았다.

생전에 다니시던 성당에 영결미사의 종소리가 이별의 슬픔을 안고 울려 퍼진다. 이제, 저 종소리를 따라 영원한 길로 떠나시는 당신을 위한 마지막 기도를 드려야겠습니다. 부디, 이승의 미련은 모두 버리시고 천국에서 영원한 안식을 누리소서! 나는 당신의 맑은 영혼과 소중한 사랑을 가슴에 간직하며 두고두고 그리워할 것입니다.

영구차가 떠난 성당 마당에는 한 잎 겨울 낙엽이 핑그르르 눈물처럼 바람에 날리고 있었다.

고향에 부치는 편지

그리운 고향!

지루한 장마가 물러갔나 싶더니 이번에는 지역적인 집중호우가 계속됩니다. 간간이 비가 멈춘 하늘에 추억처럼 피어나는 하얀 뭉게구름, 어느새 하늘은 어제보다 한결 높고 푸르러졌습니다. 그 하늘 가에서 언뜻 가을의 미소를 느낍니다. 아마, 그것은 내 가슴에 그리움되어 흐르는 당신의 모습일 겁니다.

옛 고향의 지금쯤에는 끝물에 들어선 참외밭에 익다가만 못난이 참외들만 뒹굴 때이지요. 그 뙤약볕 아래 들일을 하시던 부모님 생각으로 가슴이 아려옵니다. 뜸부기 울음소리에 익어가는 나락, 긴 밭고랑에 가득한 참깨며 들깨, 잎이 무성한 고구마 등 모두가 우리 마음을 뿌듯하게 채워주던 결실들이었지요. 고향 산천을 함께 누비던 정다운 악동들, 시집간 누님을 기다리게 하던 증기기관차의 기적소리, 들마루 가의 자욱한 연기 속에 쑥 타는 냄새, 그 시절 생각만으로도 가슴은 온통 헤집어집니다. 지나간 것들은 모두가 그리움입니다. 지금은 몰라보게 변해버린 산하, 잊혀가는 사람들, 오늘도 당신 생각에 내 가슴은 그리움에 흠뻑 젖었습니다. 가슴 깊은 곳에 자리한 당신의 품은 언제나 내 마음의 둥지입니다.

늦여름 반짝 햇살에 매미의 울음소리는 더 요란해지고 메밀잠자리 한 떼가 허공을 맴돕니다.

(전북일보)

내 아들의 고향이 없다

아버지, 내 고향은 어디에요? 답이 없는 어린 아들의 그 질문을 지금도 가슴에 묻고 산다.

고향! 그리움이 가슴 저리게 하는 말이다. 꿈에도 잊지 못할 그 산하, 정다운 사람들, 나는 그리운 고향이 있어서 행복하다. 그런 소중한 고향을 어찌하여 내 자식들에게는 만들어주지 못했는가.

큰아들의 출생지는 지금의 강원도 동해시다. 당시에는 명주군 묵호읍이었고 그 읍내의 산부인과병원에서 태어났다. 그때 우리는 삼척 주변의 한적한 해변마을에 방 하나를 얻어서 살고 있었다. 갓 시집온 아내를 낯선 객지의 월세방에 혼자 남겨두고 나는 장기간 동안 전방으로 진지공사를 나가 있었다. 어느 낯선 산골짜기 야전천막에서 오후 늦게 아내의 출산 소식을 듣고 석양의 긴 그림자를 밟으며 간성까지 걸어나왔다. 마지막 버스를 타고 속초와 강릉에서 다시 두 번을 더 갈아타며 밤 10시가 되어서야 묵호에 도착했다. 드디어 세상에 태어난 큰아들과 첫 상봉을 한 것이다. 이튿날, 모자를 이내 집으로 퇴원시키고는 나는 다시 전방으로 올라왔다. 지금도 아내는 객지에서 혼자 유종乳腫을 앓으며 고생하던 그때를 아픈 추억으로 더듬곤 한다. 그 뒤 우리는 부대를 따라서 한 번 더 이사를 했고 큰애가 백일이 지나자 곧 광주로 내려오게 되었다. 광주에서 둘째아들을 얻었다. 그러나 둘째가 태어나서 6개월이 지나며 다시 진해로 이사했으니 나의 두 아들은 출생지는 있으나 고향은 없다. 그래서 제 고향을 묻는 아들의 질문에 대답할 말이 없는 것이다.

고향을 도시나 시골로 구분할 수는 없는 일이다. 그러나 농촌은 품앗이와 같은 협동으로 어려운 일을 이웃과 함께 해결하며 한집안과 다름없는 정을 나누며 살았다. 자연과 인정이 풍요한 삶의 터전에서 태어나고 자라면서 그 얼마나 많은 추억을 만들겠는가. 누구나 고향을 향한 그리움이 가슴 깊이 살아있는 것은 당연한 일이다.

올 추석은 휴일과 겹치는 바람에 연휴도 짧았고 나라 경제가 어렵다고는 하지만, 그래도 고향을 찾는 수많은 사람으로 전국의 주요 도로는 마치 주차장처럼 자동차가 밀렸다. 동네마다 귀향을 환영하는 현수막들이 내걸리고 벌초가 된 산소들은 이발소에서 금방 나온 새신랑 머리처럼 깔끔하다. 동네 골목이며 빈터마다 귀향한 차들이 들어서고 적막하던 시골은 모처럼 사람

사는 냄새가 났을 것이다. 역시 명절은 명절이고 고향에 대한 애틋한 마음은 여전하다. 이러한 귀향의 전통이 끊이지 않고 이어지는 것은 아직은 시골에서 태어난 세대가 건재하고 고향을 지키는 연로한 어른들이 살아계시기 때문에 가능할 것이다.

농경시대에는 조상 대대로 한 곳에 뿌리를 내리고 살았다. 그러나 산업화사회가 되면서 인구는 도시로 집중되고 생활여건에 따라 여기저기 쉽게 옮겨 다닌다. 더 나은 집, 더 좋은 학군 그리고 생업에 따라서 주거지를 옮긴다. 요즘 세상에 이사하는 일은 그리 대단한 일도 아니요, 전화 한 통화면 이삿짐센터에서 주인이 손댈 것도 없이 깔끔하게 옮겨준다.

도시생활은 시골에 비하면 삭막하기가 이를 데 없다. 밀리는 자동차, 쓸려가듯 움직이는 사람의 물결, 빈틈없이 들어선 주택과 고층아파트가 숲을 이루는 곳이 현대도시다. 아파트 안으로 들어가면 완전하게 차단된 가족단위의 세상이다. 아래 위층 또, 좌우로 수많은 이웃이 벽 하나를 사이로 서로 닿을 만큼 가까이 살고 있다. 한 건물에서 한 통로를 오가며 하나의 파이프로 필요한 것을 공급받고 또, 배출도 한다. 한 공간에서 같은 공기를 나누어 마시는 세상에서 가장 가까운 이웃들이다. 그러나 도시의 이웃은 아주 멀다. 사람들은 자기생활에 간섭이나 노출을 싫어하고 남의 일에는 무관심하다. 각박해진 세태는 이웃 간의 접근도 쉽게 허용하지 않는다. 그래서 도시의 이웃은 가깝고도 가장 먼 사람들이다.

우리에게 고향이란 무엇인가. 단순히 태어났다는 것만으로 고향이 될 수 있다면 깊은 의미가 없을 것이다. 고향은 마음에 뿌리가 박힌 곳이다. 사랑하는 가족과 동무와 이웃 간의 끈끈한 정과 주옥 같은 기억들이 살아 있다. 산에도 들에도 시냇가에도 돌담 밑 풀 한 포기에도 아름다운 추억들로 채색되어 있는 곳이다. 내가 어린 시절의 한때를 보냈을 뿐, 지금은 아무도 없는 빈 고향에 대한 그리움을 놓지 못하는 까닭도 그 때문이다.

요즘 시골은 인구가 급격히 감소하고 아기 울음소리마저도 듣기가 어려워졌다. 앞으로는 시골에 고향을 둔 사람이 희소해서 세상에 부러움을 살 날도 멀지 않은 것 같다. 그때가 되면 고향이란 단어는 멀어지고 명절귀향객의 행렬도 전설 같은 이야기가 되지는 않을까.

고향이 없는 젊은이는 비단 내 자식만이 아닌 것 같다. 현대에 태어나고 자란 세대는 과연 고향이란 의미를 어떻게 이해하고 간직하는지가 궁금하다. 자식들도 더는 내 앞에서 고향이란 말을 꺼내지도 않는다. 이곳저곳에 흩어져 있는 어린 시절의 기억들을 간간이 얘기할 뿐이다. 그러나 새로 태어나는 후손들에게만은 꼭 소중한 고향을 만들어주고 싶다. 미래는 어떠한 모양의 고향이 우리의 가슴을 그리움에 젖게 할지는 알 수 없으나 그것이 소중한 마음의 자산이란 사실은 분명하지 않은가.

우리 가족이 살고 내 자식이 자라는 곳, 그 사랑의 둥지에서 이웃과 오순도순 정을 나누며 함께 살다 보면 그곳에 소중한 내 고향의 뿌리가 내리겠지.

그대가 있어 행복하다

행복을 추구하는 삶이다. 그 행복을 혼자서도 얻을 수가 있을까.

명절이면 으레 온 나라가 귀향과 귀성의 대이동을 의식처럼 치른다. 올 추석도 예외는 아니었다. 연휴 전날, 나는 퇴근시간에 맞춰 전주에서 가족들이 기다리는 대전으로 향했다. 건너편의 호남고속도로 하행선은 밀려든 귀향차로 그야말로 거북이걸음이다. 저 홍수처럼 밀려가는 끝없는 차량의 물결은 어디로 가는 것인가. 모천으로 회귀하는 연어처럼 내 육신이 태어난 곳, 부모가 계신 고향, 그리운 사람들을 찾아가는 행복의 귀향이다. 그 설레는 마음에 오가는 길의 긴 고통도 여지없이 녹아버릴 것이다.

명절은 우리 형제와 그 자식들에게도 정을 나누는 만남의 시간이다. 아무리 가까운 친척도 떨어져 살면서 왕래가 없으면 자연히 멀어지게 마련이다. 새로 태어나고 자라는 자식들도 서로 자주 만나지 않으면 낯설고 어색할 수밖에 없다. 아마, 현대와 같이 바쁘게 살아가는 세상에서 명절이 없었다면 일가 친척 간의 정을 나누기는 더욱 어려웠을 것이다. 올 추석은 일요일과 겹쳐서 연휴가 짧았다. 그래도 여느 명절과 다름없이 경기도에 계신 맏형님 댁에서 차례를 지내고 왔다. 이럴 때면 세기의 교통대란에도 아무 염려가 없는 역귀성객의 처지가 얼마나 다행스러운지 모른다. 그 덕에 연휴의 마지막 날 하루를 덤으로 얻었다. 마침 가까운 친구로부터 산이나 가자는 반가운 전화가 걸려왔다. 두 가족이 가벼운 마음으로 계룡산 동학사를 향해 나섰다. 명절 끝임에도 많은 사람이 산을 찾고 있었다. 가족, 연인, 친구 등과 명산 고찰을 찾아 명절 끝의 여유로운 한때를 즐기는 사람들, 우리도 그 안에 자연과 한 무리가 되어 어우러졌다. 계룡산 깊은 골에서 우러나는 정갈함과 산사의 정취가 마음에 평안을 한껏 더해 주었다. 일상의 속 깊은 얘기를 부담 없이 나누며 내 허물이나 유치한 자랑도 거리낌 없이 늘어놓을 수 있는 친구가 곁에 있다는 것은 큰 행복이다. 나이 들어 그림자처럼 찾아드는 고독을 걷어내려면 반드시 함께 할 친구들이 절실히 필요하다고 했다. 과연 내게는 그런 친구가 몇이나 있을까. 자신의 질문에 선뜻 대답이 궁하니 내가 인생을 헛되이 산 것은 아닐까.

주말부부 생활을 시작한 지도 벌써 세 해를 넘겼다. 낯선 도시에서 새로운 인간관계를 맺고 즐거움을 찾는다는 것이 생각처럼 쉽지 않다는 것을 깨닫는다. 더구나 휴일을 집에서 보내다 보니 이곳 타지 사람들과의 교류 기회는 더욱 적어질 수밖에 없다. 그래도 불가피한 일이 없는 한 휴일은 반드시 가족이 기다리는 집으로 돌아온다. 어쩌다 하루라도 늦으면 마음이 허전하고 쓸쓸하다. 세상에서 가족보다 더 소중한 사람이 어디에 있을까. 가족을 찾아가는 나의 귀가는 일주일 중에서 가장 행복한 시간이다. 몸은 떠나 있어도 항상 마음이 머무는 곳, 여유만 되면 언제나 먼저 달려가는 내 집, 내 가족들이다. 그 품에 내가 머물 자리가 있고 기쁠 때나 슬플 때나 함께하는 사람들이 있어 나는 행복하다. 내 행복이 내 안에 있음을 깨닫지 못하고 높고 먼 곳을 찾아 헤매었으니 이 얼마나 어리석은 인생인가.

재물도 함께 쓰고 기뻐할 사람이 있어야 가치가 있듯이 함께할 사람이 없는 행복이란 아무 의미가 없다. 명절이면 그 많은 사람들이 들썩이는 귀향의 대이동, 가슴에 고인 가족을 향한 사랑과 그리움, 그것만으로도 내가 혼자서 행복할 수 없는 까닭은 충분하고도 남을 것이다.

인생의 희로애락을 함께하는 사랑하는 가족, 정다운 친구 그리고 한때 정을 나누고 내 곁을 지나간 수많은 사람이 내 안에 있다. 때로는 사랑도 하고 그리워도 하고 미워도 하는 사람들이다. 그러나 그대가 없다면 나는 결코 행복할 수 없음을 알고 있다. 내게 미움과 그리움 그리고 사랑할 대상마저도 없다면 내 행복이 뿌리내릴 세상은 어디에도 없을 것이다.

나는 그대가 있어서 행복하다. 우리가 서로 보고 있으나 헤어져 있으나 나는 그대를 늘 사랑하고 그리워한다.

하비

주말이 되어서 집에 들어설 때면 집안의 동정부터 살핀다. 집안이 조용하면 은근히 아쉽고 서운한 마음으로 인터폰을 누른다.

"연진아! 할아버지 오셨다."

문밖까지 새어 나오는 아내가 손녀를 부르는 소리에 조금 전의 서운함은 어디론가 달아나고 기쁨이 가슴 가득 피어난다.

요즘 주말의 즐거움은 얼마 전에 세 살이 지난 손녀 연진이다. 내가 전주에서 올라오는 금요일 저녁이면 혹시, 연진이가 집에 와 있지는 않을까 하는 기대를 안고 달려온다. 그러나 그런 내 마음을 한 번도 밖으로 내색하지는 않았다. 혹시, 며느리에게 시간에 맞춰 손녀를 집에 보내야 하는 부담을 주지는 않을까 싶어서다. 아내는 늘 '안 보면 보고 싶고 보면 힘들다.'는 말을 주문처럼 달고 산다. 며칠 동안 손녀를 못 보면 무슨 구실을 삼아도 아들네 집을 들르는 모양이었다. 그러나 손녀를 품는 것은 잠깐이고 한없이 나대는 아이의 등쌀에 금방 후회를 하고 만다. 그래도 돌아서면서 또, 눈에 삼삼한 손녀 얼굴에 아쉬운 입맛을 다신다. 손녀가 없을 적에는 무슨 재미로 살았을까. 아들만 둘을 둔 우리 부부는 늘 농담삼아 전생에 죄 많은 사람은 딸도 없다며 아쉬움을 달고 살았으니 첫 손녀가 더없이 예쁘고 귀엽기만 하다.

어느새 삼 년이 다되어 가는가 보다. 군에 있는 아들이 대전지역으로 전속되면서 우리 곁에서 살게 되었다. 처음 올 때는 손녀의 첫돌이 되기 전 무렵이었는데, 어느새 자라서 중구난방 제멋대로 뛰는 귀여운 망아지가 되었다. 연진이가 집에만 들어서면 집안을 홀딱 뒤집어놓고 냉장고까지 샅샅이 뒤지기 시작한다. 오만 것을 다 참견하고 내 뒤를 졸졸 따라다니며 같이 놀자고 떨어지질 않는다. 아마, 아들이 그랬더라면 몇 번은 혼이 났을 터인데 손자에게는 한없이 너그러워진다는 그 말이 꼭 맞는 것 같다.

"하비, 하비."

하비는 연진이가 나를 부르는 최초의 호칭이었다. 연진이가 제 나름의 호칭으로 나를 부르며 비행기와 방아를 태우라고 성화를 댄다. 가끔 손녀와 노는 일도 힘이 들 때면, 온종일 애 보는 노인들의 심정이 이해될 것도 같다. 그러나 세상에 둘도 없는 손자의 귀여운 맛에다 비할 수는 없을 것이다. 어린 연진에게는

신기하고 궁금한 것이 오죽 많을까. 어쩌다가 제 궁금증을 설명해주면 마치 그 말을 이해하는 것처럼

"아 그렇구나."

하고 화답하는 그 귀여운 모습에 그만 마음이 꼴깍 넘어간다. 내 사진이 들어간 책을 들고 다니며 '하비, 하비'하며 제 딴에는 열심히 자랑을 한다. 나를 자랑하는 사람은 아마 이 세상에서 우리 손녀밖에 없을 것이다. 그럴 때면 저게 바로 핏줄인가 하는 생각이 든다.

연진이는 제 나이에 비해 발음이 제법 정확하다. 요즘에는 할머니, 할아버지라는 말을 제법 또박또박하게 발음한다. 그러다가도 마음이 급해지면 하비가 먼저 튀어나온다. 나는 그 하비라는 호칭이 아주 마음에 든다. 연진이가 나를 부르던 최초의 호칭이었으니 그 나름대로 기념적인 의미도 깃들어 있다. 그래서인지 그 말이 유난히 정겹기도 하고 각별한 애정이 함북 담겨 있는 듯하다. 그 다음으로 부르던 '하부지'라는 말도 좋다. 그러나 할아버지라는 올바른 말은 너무 정형화되어서인지 깊은 정을 느끼기에는 어딘가 부족함이 느껴진다. 흔히들 이름보다 애칭에서 정이 듬뿍 묻어나듯이 판에 박힌 표준어보다는 약간은 벗어난 듯도 하고 부족한 맛을 은근히 풍기는 그런 미숙함에 더 정감이 가지 않던가. 손녀가 말을 배우는 과정을 지켜보며 문득, 할아버지라는 단어가 쓸모없이 길다는 생각을 해본다. '어머니'에서 '할머니'는 앞의 한 글자만 바뀌었는데 '아버지'에서 '할아버지'는 왜 '할' 자가 하나 더 붙었을까. 그러나 설사 할아버지를 '할버지'로

바꾼다 해도 아마, 하비보다 더 정겨울 수는 없을 것이다.

지난 주 연진이가 집에서 자고 갈 때이다. 아침에 목욕을 시키려고 물장난하기에 알맞도록 욕조에 물을 받았다. 먼저 들어간 연진가 같이 목욕을 하자고 손을 놓지 않는다. 손녀를 먼저 닦아주고 나니 이제는 하비를 닦아준다고 돌아앉으란다. 미끌미끌 비누칠을 해가며 하비의 등을 미는 어린 손녀의 고사리 같은 손에서 비누거품처럼 일어나는 기쁨이 가슴으로 전해온다.

연진이가 나를 하비라고 부르던 시절은 작년부터였다. 지금은 하부지의 시절이니 조금만 지나면 온전한 호칭인 할아버지로 불릴 것이다. 호칭이 바뀔 때마다 더 예쁘게 자라는 귀여운 연진이다. 언뜻 저 아이의 인생을 내가 언제까지 지켜볼 수 있을까 하는 서글픈 생각이 스친다. 비록 세월은 흘러갈지라도 하비의 기억은 언제나 내 마음에 머물러 있을 것이고, 먼 훗날 손녀에게 지금의 이야기를 전설처럼 들려주고 싶다.

남김없이 사랑해라

사랑과 축복으로 시작하는 결혼도 언제인가는 슬픈 이별로 끝이 난다. 그래서 한 점 미련도 남지 않도록 후회없이 사랑해야 한다.

출근도 하기 전에 울리는 아침전화를 무심히 받았다.

"결혼기념일 축하해요. 건강하셔서 고맙구요."

집에 있는 아내의 목소리가 미안한 마음을 파고든다. 내가 꼭 필요할 때 잊어버리는 두 가지가 있다면, 그것이 하필 아내의 생일과 결혼기념일이다. 그러니 입이 열 개라도 변명할 여지가 없다.

결혼이라는 사랑의 약속은 부부가 하나의 운명을 만들어가며 행복의 유토피아를 찾아가는 질긴 끈이었다. 군인이 무엇인지도 모르고 맺어진 아내와 세상을 오가며 살다 보니 어느새 이마에 주름은 깊어졌고 이미 제복도 벗었다. 그러나 아직도 집을 떠나있는 나를 돌아볼 때면, 본디 방랑의 운명을 타고난 것은 아닌가 하는 생각이 든다. 그 동안 많은 시간을 아내와 떨어져 살았지만 믿음인지 사랑인지 우리는 서로 걱정을 잊고 살았다.

한 달 전에 친구 아들의 결혼청첩장을 받았다. 결혼식은 우리 결혼기념일 이틀 뒤인 토요일이었다. 대전에서 서울까지 경조사에 참석하는 것이 생각처럼 쉽지가 않았다. 그러나 지난날의 추억이 새록새록 떠올라서 꼭 참석을 하려고 왕복 열차표를 사두었다. 생사의 문제는 인간의 영역 밖이지만 결혼만은 자신의 의지대로 선택할 여지가 있다. 우리 선대에는 신랑과 신부가 얼굴도 모르는 결혼을 했다지만, 지금은 배우자의 만남이 아주 자유스러운 시대이다. 그만큼 서로 아낌없이 사랑하고 더 행복한 부부로 살아야 함은 당연한 일이다.

아내로부터 결혼기념일을 일깨워주는 전화를 받고 한나절도 지나기 전에 난데없는 부고訃告가 날아들었다. 시골 처가에는 일흔이 넘은 큰처남이 고향을 지키고 있다. 자식들마저 모두 도시로 나간 뒤로는 늙은 처남 내외뿐이다. 그 처남댁이 별세했다는 기별이 온 것이다. 세상일이란 묘하게도 복합적으로 일어나는 속성이 있는 것 같다. 갑자기 들이닥친 소식에 결혼기념일도 묻히고 친구 혼사에도 참석할 수 없게 되었다.

돌아가신 처남댁은 수원의 한 병원에 입원해서 자식들이 돌보았다고 한다. 내외가 모두 일흔은 넘었지만 아직은 평균수명도 안 되는 나이이다. 그러나 죽음은 만남의 끝이었고 남은 것은 생전에 남긴 자취와 슬픔뿐이다. 그의 죽음에 가장 가슴 아프고 충격적인 사람은 역시 혼자가 된 큰처남일 것이다. 내가 장례식장에 도착하자.

"저 사람이 아무 말이 없네, 저 사람이 말이 없어."

하며 주르르 눈물을 흘린다. 늘 곁에서 하나같이 의지하던 자신의 반쪽을 잃었다. 다시는 볼 수 없는 사람, 혼자가 된 현실은 견디기 어려운 슬픔일 것이다. 장례식은 죽은 자를 보내는 산 사람들의 이별의식이었다. 영혼이 떠난 빈 육신을 놓고 3일간의 의식이 이어지고 화장장은 그 이별의 마지막 자리였다. 지금 이 시간, 세상의 어느 한편에서는 행복한 결혼식이 한창일 때 화장장의 화로에서는 홀로 이승을 떠나는 육신이 불에 활활 타고 있었다. 사랑, 미움, 욕망, 그리고 마지막 남은 한 올의 미련까지도 남김없이 훨훨 타고 있었다.

한 줌의 재를 거둔 유골함이 영정을 앞세우고 봉안당으로 들어온다. 사람은 가고 영정만 남아서 자식의 손에 들려오는 그 앞에 성큼성큼 걸어오는 상처한 노인의 발걸음이 휘청거린다. 지난 세월 못다 한 사랑이 가슴에 북받치는가. 유골함을 안치하고 돌아서는 눈에는 또 눈물이 흐르고 숙연한 공간에 울려 퍼지는 찬송가는 무겁고 슬프다. 자신의 한쪽을 잃은 빈자리는 무엇으로 채울까. 죽은 사람에 대한 애틋함보다 산 사람의 쓸쓸함이 더 안타깝기만 한데 집안 어른이 망자의 자식에게 이르는 말이 석양에 부는 가을바람처럼 가슴을 치고 지나간다.

"부부가 살았을 때에는 부부의 힘으로 사는 거여. 그러나 혼자가 되면 자식 힘으로 사는 거여. 돈이 문제가 아니라 마음의 힘이 너희들인 거여. 그래서 네 아버지한테 전에 보다도 더 잘해야 돼."

그 속에서 홀로된 노인의 서글픔과 허전함이 그대로 묻어난다. 찬 겨울 빈 나뭇가지에 걸린 초승달인들 봉안당 문 앞을 서성이는 저 늙은 홀아비의 허전함보다 더할까.

이제 자식을 따라서 도시로 가야 할까, 아니면 홀로 고향을 지켜야 하는가. 이것도 저것도 결코 쉽지 않은 선택일 것이다. 결국, 떠날 수 없는 고향을 선택한 그의 외롭고 쓸쓸한 노년이 눈에 훤히 보이는 듯하다. 며칠간 몸과 마음을 추스르고 내려오겠다며 자식들의 뒤를 따라가는 그의 축 늘어진 어깨와 휘청거리는 발걸음이 애처롭다. 점점 멀어져가는 그 뒤로 기쁨에 넘치는 결혼식과 슬픔에 잠긴 장례식이 눈앞에 교차하며 어른거린다. 떠난 사람의 빈자리가 크게만 보이는데 왜, 내 가슴에도 휑하니 찬바람이 부는가.

평생을 사랑하며 살아도 후회가 남는 게 인생이다. 그래서 사랑할 수 있을 때 남김없이 사랑해야 한다. 생전에 못다 한 사랑은 아무 쓸모없는 유산이다.

천 년 은행나무 앞에서

가을이 맛깔스럽게 무르익었다. 길가도 마을도 높고 낮은 산도 온통 단풍으로 곱게 물들었다. 성급한 떡갈나무의 낙엽은 이미 지고 겨울 준비를 먼저 끝냈다. 가을은 속 깊은 여인과 같다. 화려한 아름다움이 있는가 하면 은은한 향기와 지성의 무게가 느껴진다. 그리고 어찌할 수 없는 외로움과 공허함이 따라온다.

가을은 교만하지도 경망스럽지도 않다. 낙엽 진 오솔길을 걸으며 나를 다시 보는 정심淨心의 시간을 갖게 하는 계절이다.

매년 11월 첫째 주말은 우리 집안 시제를 올리기로 정해져 있다. 올해도 두 분 형님과 가까운 일가가 모여서 시제를 지냈다. 내가 세상에 태어나기도 전에 살다 가신 분들이다. 뿌리가 무엇인지 일상사에서 조상을 기리는 일들은 오랜 세월 이어져 온다. 예전과 달리 요즘은 남의 일에는 관심이 없는 세상이다. 누가 자기 조상 안 모신다고 손가락질할 사람도 없는데 그 풍속이 계속 이어지는 것은 그만큼 큰 의미가 있기 때문이 아니겠는가.

어제 저녁 시제 문제로 작은 형수님에게 전화를 드렸다. 건강이 좋지 않으신 형님 걱정으로 마음이 착 가라앉아서인지 목소리에 힘이 없고 우울하게만 들렸다. 형님은 작년 말에도 에베레스트 산을 6,200m까지 등정을 하셨는데 얼마 전부터 안면 신경 경련으로 고생을 하신다.

내게는 위로 여러 누님과 두 분의 형님이 계신다. 60대 중반을 넘으셨으니 건강에 각별한 관심이 필요한 연세들이시다. 작은 형님은 항상 건강에 자신을 했는데 갑작스런 병마에 그만큼 충격도 크신 것 같다. 시제를 올리고 나서 삼 형제 내외가 모두 함께 하기도 쉽지 않으니 기분도 전환할 겸 그리 멀지 않은 천태산 영국사寧國寺를 가자고 제안했다.

천태산은 충북 영동군 양산면에 있는 해발 714m의 경관이 아름다운 작은 산이다. 묘목 산지로 유명한 옥천군 이원에서 무주로 연결되는 501번 지방도로를 따라 15km 정도를 가면 입구를 알리는 안내판이 서 있다. 이미 낯익은 곳인데 몇 년 동안에 몰라보게 개발되었고 토요일이라 그런지 관광버스와 승용차가 넓은 주차장을 거의 채우고 있었다.

천태산으로 들어가려면 주차장에 차를 세워두고 3단 폭포를 지나 작은 고개를 하나 넘어 산길로 1.4km 정도를 걸어야 한다. 양산 8경의 첫 번째라는 이곳은 등산로가 길지 않으면서도 기암

괴석과 암벽지역을 등반하는 재미가 있어 유명하다. 천태산은 능선 끝자락의 아늑한 곳에 영국사라는 신라시대 고찰을 품에 안고 있다. 그리고 사찰의 언덕 아래에는 천연기념물로 지정된 수령 천 년의 은행나무가 웅장한 자태로 태산같이 서 있다.

영국사는 신라 문무왕 때 원각국사가 창건하여 조선의 고종 때에 중건한 일천 삼백여 년 된 고찰이다. 신라 효소왕이 피난하였고 고려시대 공민왕이 홍건적의 난을 피해 몽진했다고 한다. 절에 있는 큰 나무의 수령은 통상 사찰의 역사와 함께 하는 것이 일반적이어서 이 은행나무의 수령이 천삼백 년에서 육백 년까지로 추정된다고 한다.

영국사가 보이는 고개에 올라서자 밝고 환한 노란 은행잎이 눈 안에 확 들어온다. 천 년된 이 은행나무는 높이가 31m이고, 가슴둘레가 11m이며 22~25m의 가지가 사방으로 뻗은 대단한 거목이다. 이 나무는 가지 하나가 땅으로 내려와 뿌리를 내리고는 다시 위로 뻗어 올라간 기이한 부분도 있다.

노목은 아직도 무성한 가지와 잎을 피우며 변함없는 청춘을 자랑하고 있었다. 때마침 단풍이 절정을 이루어 은행나무의 샛노란 잎은 땅을 덮고 하늘에 치솟아 온통 노란색 동산을 만들었다. 가을 단풍의 아름다움을 꼽으라면 단연 은행나무와 단풍나무가 두드러지지 않던가. 단풍나무가 화려한 아름다움을 제일로 자랑한다면 은행나무의 단풍은 우아하고도 밝은 마음을 주는 것이 아닐까 싶다. 나는 천 년의 노령에도 우아한 모습으로 가을의 멋을 한껏 부리는 거목 앞에서 오직 경탄과 숙연해지는 마음을 어찌할 수가 없었다. 저 은행나무는 그 오랜 세월을 모진 풍상과 민족의 소용돌이치는 역사를 보고 겪으며 견디어 오지 않았는가.

헐벗고 굶주리고 무참히 도륙당하고 사람이 인육을 먹었다는 끔찍한 시대를 그의 깊고 넓은 가슴으로 의연히 품은 채 말이 없다. 얼마나 견디기 힘든 인고의 세월을 말없이 살아왔던가. 오죽하면 나라에 큰일이 있을 때는 이 나무가 운다고 할까. 아마도 그것은 더는 민족의 수난을 참을 수 없어 나오는 고통의 신음이었을 게다. 은행나무는 가슴에 담아둔 그 오랜 세월의 숱한 이야기들을 노란 미소로 대신하는 것만 같았다.

한국인의 평균수명 연장 속도가 놀랍도록 빨라지고 있다고 한다. 그러나 아무리 수명이 길어진다 해도 사람은 백 년도 되지 않는 인생을 살 뿐이다. 누구나 오래 산다는 것은 좋은 일이지만, 더 중요한 것은 건강하게 살아야 가치가 있는 것이다. 형님의 건강을 생각하면 가슴이 저리고 저 은행나무 같은 건강하고 의연한 노란 웃음이 그리워진다. 그리고 오래오래 함께 살아가고 싶을 뿐이다.

나는 은행나무 앞에서 거목이 주는 교훈을 새롭게 생각해 본다.

"천 년의 젊음을 간직한 당신의 비결은 무엇인가요?"

나의 질문에 나무는 되묻는 것만 같다.

"너는 모든 것을 버리고 비우라는 의미를 아는가."라고.

내가 버린다고 버려지지 않고 비운다고 비워지지 않으니 버리고 비우기를 한이 없도록 계속해야 할 것 같다. 그리고 고통에 시달리는 형님에게도 함께 하기를 권유하고 싶다.

시계 없는 세상

어느 날 손목시계를 넣어둔 책장서랍을 열었다. 그 안에는 내 삶의 흔적처럼 여러 개의 기념시계가 들어 있다. 오래되어서 시간은 멈추어 있지만, 건전지만 갈아주면 제대로 돌아가는 시계들이다. 그 중에서 제일 산뜻하고 예쁜 모양의 시계를 하나 골랐다. 시계 바탕과 줄이 모두 파란색으로 깔끔한 것이 마음에 들었다. 그것이 요즘 내가 차고 다니는 손목시계인데 결정적으로 불편한 점이 한 가지 있다. 바탕이 짙은 청색이다 보니 조금만 어두워도 시계 바늘이 잘 보이지 않는 것이다. 그러나 그 불편함을 알면서도 그대로 사용하는 것은 요즘 세상에 흔한 것이 시계라서 꼭 내 시계에만 의존하지 않아도 되기 때문이다.

맏형은 내가 초등학교에 입학하기도 전에 중학생이었다. 그

때 우리 집은 시골이었고 형님은 백여 리나 되는 대전의 중학교로 기차통학을 했다. 우리 동네는 경부선 철로에서 가깝지만, 기차역까지는 십 리 남짓을 걸어야 한다. 저녁이면 형을 기다리며 마당을 서성이시던 어머니의 모습이 생각난다. 그 시절에 시계는 아주 귀한 물건이었고 우리 집에도 시계가 없었다. 그래도 맏형이 늦지 않고 그 먼 곳으로 기차통학을 했으니 지금의 생활방식으로는 선뜻 이해되기 어려운 일이다. 그러나 그것이 가능했던 것은 어머니의 사랑과 정성이었다. 새벽에 형을 보내야 하는 어머니는 주무시다가 몇 번인가를 일어나 방문을 열고 하늘을 보셨다. 계절과 날짜에 맞추어 서쪽 하늘의 삼태성三台星을 보거나 달을 보며 시간을 가늠하셨고 그마저 없는 날에는 아예 일찍 역에 가서 기차를 기다리게 했다. 시계가 귀한 세상에서 해와 달, 그리고 별과 같은 자연현상에 시간을 의존하던 시절이었다. 지금도 조끼 호주머니에 차고 다니며 은색 줄에 달린 회중시계를 뽐내던 동네 사람이 떠오른다. 시계 대신에 정오와 자정을 알리던 긴 사이렌 소리의 여운이 아직도 귓가에 아련히 남아 있다. 그리고 새벽 기차를 타야 하는 형을 깨우시던 어머니의 목소리가 가슴 아린 그리움으로 다가온다.

요즘 생활의 빠른 변화에 두려움마저 들고 세대 간의 간격은 점점 더 멀어지는 것만 같다. 일상에 사용하는 컴퓨터만 해도 그 기능이 얼마나 다양하고 정밀한지 그야말로 경이적이다. 그러나 나는 간신히 컴맹을 면한 수준으로 그 많은 기능 중에서 기본적인 몇 가지를 사용하는 데 불과하다. 그것만으로도 얼마나 편리하고 능률적인지 컴퓨터가 없을 때에는 어떻게 살았나 싶다. 문서를 작성하는 기능만 해도 하루에 못하던 일을 아주 짧은 시간에 끝낸다. 그리고 자료의 저장, 인쇄, 복사, 그리고 필요한 곳으로 전송까지도 할 수가 있다. 이것이 불과 수십 년 내의 변화이니 농경시대 문화권에서 태어난 내가 그 변화에 맞추어 산다는 것이 쉽지 않은 일이다.

우리 사회에 코리언타임이라는 것이 있었다. 약속시간을 제대로 지키지 않는 한국 사람을 빗대어 나온 말이다. 아마 지금 젊은이들에게는 그 말이 생소하게 들릴 것이다. 그것은 이미 시간의 중요함을 인식하고 있다는 뜻이니 매우 다행스러운 일이다. 과거에는 농경사회의 생활습관에서인지 웬만큼 약속시간에 늦은 것은 당연한 것으로 생각했다. 그런 우리의 모습이 서양 사람들의 눈에는 무책임하게 보였을 것이다. 그러나 산업사회로의 발전으로 시간의 중요성이 두드러지며 코리언타임의 의식을 완전히 바꾸어 놓았다. 정확한 시간을 생명으로 사는 현실에 내가 변화되지 않고서는 살아갈 수가 없기 때문이다.

만약에 이 세상에 시계가 없다면 어떻게 될까. 아마 모든 기준이 시간으로 맞추어진 현대의 산업과 시설, 기계, 그리고 첨단의 기술은 아무 쓸모가 없게 되고 세상은 큰 혼란에 빠지게 될 것이다. 시간의 계측은 예전처럼 해와 달, 별 등의 자연현상에 의존할 수밖에 없을 것이다. 그것은 아주 먼 예전의 농경시대로 다시 돌아가야 한다는 의미이다.

만약에 과거 농경시대의 문화로 뒤돌아간다면 과연 적응하며 살아갈 수가 있을까. 아무래도 현대문명의 편리함을 누려온 생활 습관이 과거의 불편한 생활을 감수하기는 어려울 것 같다는 생각이 든다. 그런데도 나는 새로운 변화에 접근하는 노력에는 너무 인색하다. 그것은 아직도 내 습관에 남아 있는 농경문화의 잔재일까, 새로운 변화에 대한 도전의 두려움일까.

내가 현대인으로 살려면 새로운 시대를 향하는 시계에 나를 투영해봐야 할 것 같다. 21세기 첨단문명의 바다 한가운데에서 홀로 농경시대 문화의 삶을 살 수는 없지 않은가.

제3부

삼색등

가을바람에도 순항이다

천사의 나팔

배롱나무의 유혹

까치에게 상생을 청하다

꿈으로 사는 인생

내 마음의 시간

나는 나의 포로였다

단칸방도 정이 들면

후회

침묵의 외출

가난한 부자

삼색등

나선형으로 빙글빙글 돌아가는 삼색등은 멀리서도 쉽게 눈에 뜨인다. 중세유럽에서는 이발사가 간단한 수술을 하는 외과의사를 겸했다고 한다. 그 무렵에 빨강은 동맥, 파랑은 정맥, 흰색은 붕대를 뜻하는 세 가지 색을 원통형에 칠해서 내건 것이 지금의 삼색등의 효시이다. 세월이 흘러서 분업이 될 때에 그 의미로는 당연히 외과병원에 걸려야 할 삼색등이 이발소로 갔으니 그것도 얄궂은 운명이라 할까. 그러나 이제는 그 본래의 의미를 떠나서 세상 어디에서나 공통적인 이발소의 상징이 되었다.

저녁 무렵에 찾은 이발소는 나이 지긋한 부부가 함께 일을 하고 있었다. 요즘 동네 이발소를 찾는 사람은 주인만큼이나 나이 든 사람들이다. 이미 중년의 한 손님이 차례를 기다리고 있었

다. 시간이 좀 어중간해서 망설이자,

"조금만 기다리시면 돼요."

하는 주인 말에 그만 플라스틱 간이의자에 털썩 엉덩이를 붙이고 말았다.

기다리는 지루함을 잡념으로 달랜 시간도 꽤 지나서 어느덧 저녁식사 때가 다 되었다. 이제야 내 앞에 손님이 머리를 깎기 시작했다. 점점 시간이 흘러가며 이발사의 느릿한 행동이 못마땅하고 은근히 짜증이 나기 시작한다. 이발사는 초벌로 긴 머리를 듬성듬성 잘라내더니 전기바리캉으로 아래 머리를 깎아낸다. 그리고는 가위질로 세세히 다듬는다. 머리를 다루는 행동은 아주 정성스러운데 너무 느리고 신중한 것 같았다. 처음에는 한두 번 다듬는 것으로 조발이 쉽게 끝날 것으로 생각했다. 이발사는 첫 다듬기를 끝내고 요리조리 머리를 빗어 보고는 두 번째 하얀 분을 바르고 거친 부분을 골라가며 다듬는다. 이제 저 다듬기만 끝나면 내 차례가 될 것이다. 그러나 이발사는 무엇이 못마땅한지 다시 분칠을 하는 것이었다. 벌써 시계는 일곱 시를 넘어가고 있다. 기다리는 사람도 하나가 더 늘었다. 이발사는 시간과는 전혀 상관이 없는 듯 아래위를 세세히 살펴보며 한 올씩 다듬기를 계속한다. 나는 이번이야말로 틀림없는 끝마무리작업으로 생각했다. 그러나 기다리는 사람은 안중에도 없는 것인지 또, 분칠을 하고서 같은 작업을 반복하는 것이었다. 나는 답답한 마음에 저리 굼뜨게 이발을 해서 어떻게 밥을 먹고 산담, 하고 속에서 불평이 금방 터질 것만 같았다. 의자에서 벌떡 일어났다.

그냥 돌아갈까 하다가 기다린 시간이 너무 아까운 생각에 슬그머니 다시 주저앉고 말았다.

내친김에 여유를 가지고 찬찬히 이발사를 지켜보니 그 정성과 진중함이 심오한 경지에 든 예술가를 닮았다. 한 올의 머리카락도 자기의 기준을 벗어날 수 없다는 비장함까지 느껴진다. 그의 아내도 그런 기다림은 아주 당연한 듯 텔레비전에 눈을 붙이고 한가한 표정이다. 나는 이발사 부부의 그 여유와 느긋함에 혼자 안달하는 나 자신을 돌아보며 부끄러운 생각이 들었다. 그때야 비로소 이발사의 얼굴을 관심의 눈으로 바라보았다. 형편만큼이나 허술한 행색, 환갑은 되었을 나이에 이마부터 정수리 너머까지 반질반질한 대머리이다. 머리를 깎아주는 이발사와 이발하는 손님의 머리가 너무 대조적이다. 주변머리만 남은 대머리 이발사가 손님의 성성한 머리를 깎아주는 광경이 마치 만화영화의 한 장면 같았다. 갑자기 저 나이 든 대머리 이발사가 이 노릇을 얼마나 했는지 궁금해졌다.

"이발 일을 얼마나 했습니까?"

"그럭저럭 한평생을 했네요. 이 자리에서만 23년이 됐습니다."

"같은 일에 싫증도 안 나요?"

"이것저것 한두 번 기웃거려 봤나요. 그래도 배운 기술이라고 결국 손을 놓지 못했지요."

짧은 대화 속에서 그의 인생 역정歷程이 눈에 보일 듯하고 위를 보면 부족하지만 내려다보면 만족할 수 있다는 삶의 지혜가 느껴졌다.

요즘 남자들은 이발소보다는 미장원을 찾는다. 군대에도 그 흔하던 이발병이 없고 병사들 상호 간에 어설픈 이발을 해준다. 언제부터인가 이발소는 하나 둘 사라져가고 그 기술의 맥도 점점 끊겨가는 것만 같다. 동네 골목 한구석으로 밀려나서 추억이 그리운 어른들이나 찾는다. 그러나 도시의 곳곳에는 예전보다도 훨씬 더 많은 삼색등이 더 선명하게 밤새도록 돌아가고 있다. 본업을 제쳐놓은 퇴폐업소들이 똑같은 삼색등을 보란 듯이 내걸었다. 순수한 의미의 삼색등은 언제부터인가 색주가의 홍등을 닮아간다. 이런 세상에 고집스럽게 이발소를 지키는 그 이발사가 진정한 장인 같아 보였다. 저 정성스러운 손끝으로 얼마나 많은 사람에게 깔끔하고 상쾌한 기분을 만들어 주었을까. 평생 남의 머리를 다듬다가 정작 자기는 대머리가 되어버린 이발사의 머리가 빛나는 훈장 같았다.

이미 시간은 많이 늦었지만 내 머리를 깎는 일은 이발사의 정성에 맡기고 내일의 이발소 모습을 상상해 본다. 언제인가 동네이발소마저 모두 문을 닫는 날에 우리의 머리 깎는 풍속도는 어떻게 변할까. 그리고 굴곡의 길을 걸어온 삼색등이 앞으로 어느 곳에서 어떤 의미로 돌아갈지 그 운명이 자못 궁금해진다.

가을바람에도 순항이다

도시 주변의 가까운 산에 오르니 하루가 멀게 달라지는 계절의 변화에서 흐르는 세월이 눈에 보이는 듯하다. 가을은 온 세상 동네 골목골목까지도 화려한 단풍으로 물들여 놓았다. 오색의 물결이 일렁이는 가을 바다, 나는 그 바다를 항해하는 한 점의 작은 배다. 지나온 세월의 기억들은 까마득히 멀어져서 저 멀리 가물가물한 산그림자를 닮아간다. 문득, 여기서 고단한 삶의 항해를 접고 지난날을 추억하며 조용히 살고 싶은 욕망이 인다.

대전이란 도시는 빙 둘러친 산이 아늑한 성곽처럼 감싸고 있다. 계룡산, 보문산, 식장산, 계족산, 금병산, 구봉산 등. 도심에서 멀지 않은 여러 산 중에 나는 집에서 가까운 보문산을 자주 오른다. 그저 여유롭게 산책삼아 사색을 즐기기에 제법 좋은 산이다. 산으로 발걸음을 하다 보면 계절의 변화를 그곳에서 느끼곤 한다.

나의 산행준비는 아주 간단하다. 걸친 옷과 눌러쓴 모자 외에는 아무것도 없다. 누구나 짊어지는 배낭도 허리춤에 차는 물병 하나도 없다. 나를 옭아매는 그 어느 것에서도 자유롭고 싶어서다. 휴일이 되면 그런 모양으로 스틱 하나를 들고 덜렁덜렁 세상을 걸어가듯 산을 향한다. 잠시나마 시름을 잊을 수도 있고 거대한 도시를 한눈에 굽어보는 자유롭고 가벼운 시간이다.

산 위에서 굽어보는 한밭 벌의 거대한 도시 주변으로 고래 등처럼 길게 내리뻗은 산줄기가 한눈에 들어온다. 도시는 어머니의 품 안에 안긴 듯 아늑하다. 시내에는 비슷비슷한 모양의 건물들이 틈도 없이 들어서 있다. 그 안에서 무엇인가 열심히 찾는 것이 있다. 우리 아파트, 사랑하는 사람들, 그리고 낯익은 건물들이다. 그곳이 내 보금자리이고 정든 이웃이며 다정한 동무들이 있다. 내가 그것을 확신할 수 있다는 사실만으로도 위안이 된다. 내 인생에 꿈을 이어주고 삶에 힘을 북돋아 주는 근원이기 때문이다.

산에서 도시의 소리를 듣는다. 낙엽이 지고 나뭇가지가 앙상해지면 도시의 소리는 더욱 선명하게 들려온다. 여름에는 무성한 숲에 가리고 막혀서 그 소리의 존재를 쉽게 듣지 못했다. 그러나 가을이 되면 떨어진 낙엽을 밟으며 도시의 소리를 선명하게 들을 수가 있다. 거대한 도시의 뒤엉클어진 온갖 소리는 전혀 새로운 소리가 되어서 들려온다. 제 각각의 음색을 희생하고 양보해서 새로 태어난 창조의 소리이다. 그것이 도시가 살아있는 증거이다. 아마, 그 소리를 낱낱이 파헤쳐 놓으면 우리 가족과 동네 사람들의 목소리, 자동차와 기차 소리, 그리고 감미로운 선율과 트로트의 신나는 곡조며 무거운 장송곡도 시장 아주머니의 외침도 그 안에 모두 들어 있을 것이다. 그 소리가 파도처럼 밀려와 산을 울리고 내 가슴으로 전해온다. 그 생명의 박동소리가 삶의 의미를 일깨우고 의지를 북돋아 주는 힘이다. 그리고 세상 사람이 함께 어우러져 살아가는 아름다운 노래이다.

도시의 소리를 들으며 가을은 깊어간다. 이 계절이 알 수 없는 그 무엇으로 내 가슴을 적시는 것은 낙엽의 탓이리라. 머지않아 얼마 남지 않은 낙엽마저 모두 지고 싸늘한 겨울이 되면 산에는 마른 나뭇가지만 앙상할 것이다. 산은 그 헐렁해진 나무 사이로 제 속살을 드러내고 그 틈으로 도시의 모습은 더 넓게 더 멀리 노인의 머릿속처럼 훤히 드러나 보일 것이다. 어느덧 인생도 가을이 되었는가, 푸른 잎을 잃은 나뭇가지의 시린 마음이 가슴으로 전해온다.

서글픈 심사를 뒤흔드는 것은 계곡과 능선을 타고 오는 가을바람이다. 지나가는 바람에 떨어지는 낙엽이 쓸쓸하고 발길에 밟히는 그 소리가 애처롭다. 지난 해 가을 해수욕장에서의 그 감정을 꼭 닮았다. 텅 빈 백사장, 교교한 달빛에 부서지는 파도, 그 밤 바닷가에 불던 가을바람과 같다. 가을이 주는 것은 언제 어디에서나 서글픔뿐인가 보다. 가을의 겉 모양은 화려하고 매혹적이지만 속은 시들어가는 노처녀의 시린 가슴이다. 이 가을

이 나의 고달픈 항해를 접고 여기서 머물기를 권한다. 그러나 도시의 한 구석에서 사소한 일상사에 매달려 시골 장날의 파장罷場과 같은 삶을 살기에는 아직은 자신이 허락하지 않는다.

내가 한 잎 지는 낙엽 앞에 흔들리는 심약한 계절을 살고 있는 것인가. 아직 닿지 못한 희망의 대륙이 나를 기다리고 있는데 나태해지는 마음을 다잡아야 한다. 인생이 가을이라 하여 여기서 항해를 멈출 수는 없다. 저 도시에서 울려오는 삶의 소리와 사랑하는 사람들의 손짓이 어제와 변함없이 여전하지 않은가. 돛을 더 높이 올려라. 아직도 갈 길은 멀다. 가을바람에도 순항이다.

천사의 나팔

"이 꽃은 천사의 나팔입니다."

점심때 들른 어느 식당 현관의 화분에 써 붙인 글발이다. 식물의 키는 내 허리를 훨씬 넘고 손바닥보다도 큰 타원형의 잎은 물결 모양으로 팼다. 그 가지에는 긴 나팔 모양의 옅은 노란색 꽃들이 주렁주렁 달렸는데, 그 하나하나가 아주 날씬하고 멋진 나팔이다. 그 꽃들은 마치 연주를 기다리는 악사樂士의 나팔처럼 수줍은 듯 아래로 향해 피어 있다. 나는 그 꽃 이름이 마음에 쏙 들어서 '천사의 나팔, 천사의 나팔' 하고 몇 번을 되뇌어 보았다.

며칠 뒤 헬스클럽에서 러닝머신을 걷다가 길 건너 꽃집에 눈길이 멈췄다. 천사의 나팔이 그 꽃집 앞에도 한 분이 놓여 있던 것이다. 나는 그 곁으로 다가가 아름다운 나팔꽃의 자태를 감상하며 그윽한 향기를 누리는 여유를 가졌다. 천사의 나팔꽃은 남아메리카에서 귀화한 독말풀에 속하는 식물로 흰색과 노란색, 붉은색 등의 꽃이 핀다. 마치 천사가 긴 나팔을 물고 소식을 전하는 모습과 흡사하다고 해서 붙여진 이름이라고 한다.

나는 천사의 나팔꽃에서 단순한 꽃의 존재를 넘어 진정한 천사의 나팔에 의미를 찾아가는 엉뚱한 생각에 젖어들었다. 언제인가는 내가 천사의 나팔소리를 들을 것만 같았다. 그때에는 고개를 숙인 저 나팔꽃들도 모두 머리를 들고 아름다운 천상의 소리를 낼 것만 같았다. 그 상상은 더욱 강렬한 욕망이 되어 내 가슴에 자리잡기 시작했다. 소년의 꿈 같은 희망에 슬그머니 빠져들었다.

천사가 나팔을 연주하는 것은 권세나 많은 재물을 소유한 성공이 아닐 것이다. 전쟁 영웅이나 운동경기의 승자를 위해서 연주하는 것도 아닐 것이다. 내가 세속의 성공으로 천사의 나팔소리가 울렸다는 말은 들은 바가 없으니 어찌 그때를 짐작하랴. 그러나 아름다운 인생을 살아온 사람에게는 반드시 천사의 나팔소리가 황홀하게 울려 퍼질 것으로 생각되었다.

인생을 관조하며 지나온 삶을 뒤돌아봤다. 괴로움이 없는 평온한 삶, 후회가 없는 정직한 삶, 미움과 원망이 없는 고결한 삶, 남을 위해 봉사하는 희생적인 삶, 그 어느 것 하나도 내세울 만한 것이 없다. 그저 부족함에 애면글면하는 나 자신이 보일 뿐이다. 그런 생각 끝에 조금 전의 희망적인 상상은 실망으로 바뀌고 천사의 나팔소리에 대한 기대를 포기해야할 것 같았다.

천사는 신과 인간의 중개자이다. 신의 뜻을 인간에게 전하고 인간의 기원을 신에게 전하는 영적인 존재이다. 천사는 신과 인간 가까이에서 계급에 따라 각각 그 역할이 다르다. 그 중에 사람마다 자기를 지켜주고 선행을 권하며 악을 피하게 도와주는 수호천사가 있다.

내게도 수호천사가 있다. 그 생각만으로도 큰 기쁨이고 희망이며 놀라운 발견이 아닐 수 없다. 포기한 가슴에 다시 희망의 불씨를 지필 기회를 발견한 것이다.

내가 수많은 유혹에 현혹되지 않고 인생을 살아온 것은 나 혼자만의 힘도 아니요, 우연도 아닐 것이다. 내 삶의 주변에는 끝없는 욕망과 추악함으로 가득 찬 숱한 유혹의 함정들이 있다. 그 함정의 유혹은 달콤하고 아름다우며 향기로우나 그것은 인생의 독배이다. 그 위험한 함정의 언저리를 걸어서 용케도 여기까지 살아왔다. 그런 삶을 도와준 것은 누구일까. 어려울 때나 괴로울 때나 자신을 포기하고 싶을 때에도 신념과 용기를 주고 달콤한 악마의 유혹에서 나를 지켜준 것은 바로 나의 수호천사가 아닐까. 그 수호천사는 나를 위한 천상의 나팔을 언제나 준비하고 있을 것이다. 흐르는 듯 나는 듯 꿈결 같고 피어나는 기쁨으로 가슴 벅찬, 그 황홀한 천상의 나팔소리를 들을 수 있을 것만 같다. 그러나 그 고귀한 나팔소리를 어찌 생각만으로 들을 수 있겠는가. 아름다운 삶을 살려고 노력하다 보면 천사의 나팔소리가 반드시 울릴 것이란 씨알 같은 희망이 모락모락 피어났다. 그것은 곧 수호천사의 계시일지도 모를 일이다.

어느 날 우연히 만나 잠시나마 행복한 꿈을 꾸게 해준 천사의 나팔꽃, 아직은 이 땅에 낯선 꽃이지만, 세상 사람들에게 행복을 안겨주는 아름다운 천사이기를 바라고 싶다.

배롱나무의 유혹

사무실 창밖의 정원 한쪽에 배롱나무가 자주색 꽃을 활짝 피웠다. 내가 사는 아파트의 정원에도 그와 똑같은 나무 한 그루가 서 있다. 생각해보면 나는 배롱나무를 곁에 두고도 그 존재를 전혀 의식하지 못하고 살았다. 배롱나무가 꽃을 피우기 시작한 것은 꽤 오래 전부터였으나 그저 어느 나무가 때가 되어서 붉은 꽃을 피웠나 보다 하고 무심히 넘겼다. 그런데 얼마 전 우연히 배롱나무에 관심이 가면서 그 아름다움이 눈에 보이기 시작한 것이다. 관심과 무관심의 차이는 마음에 눈이 열리고 닫힘이다. 그 동안 나는 마음의 눈을 감고 아름다운 꽃을 보지 못한 것 같았다.

지금 생각하니 그 꽃은 더위가 한창 기승을 부리던 여름부터 피었으나 내 눈에 들어오기 시작한 것은 가을에 들어서기 얼마 전부터이다. 아직 다른 나무들은 푸름을 잃지 않았는데도 유독 모과나무와 느티나무는 일찍 가을을 타기 시작했다. 배롱나무가 그 옆에서 자주색 꽃을 활짝 피우고 서 있다. 한여름에는 보이지 않던 그 꽃이 가을에 들어서며 눈에 띄기 시작했고 날이 가며 더욱 두드러지게 드러났다. 세상이 시들어가는 계절에 화사한 꽃을 피우는 배롱나무가 드디어 제 아름다움을 마음껏 뽐내기 시작한 것이다.

배롱나무는 예부터 여러 이름으로 불리었다. 백 일 동안 꽃을 계속 피우는 나무라고 해서 백일홍, 자주색 꽃이 핀다고 자미화紫微花, 나뭇가지가 얼룩얼룩하다고 백양수伯痒樹, 정원에 꽃이 피면 붉은 빛이 가득하다고 만당홍滿堂紅, 간지럼을 탄다 해서 간지럼나무라고도 한다. 배롱나무의 꽃은 여름부터 가을까지 석 달 열흘 동안을 피고 지기를 반복하며 아름다움을 계속 유지한다. 엊그제 일요일에 아파트 현관을 나서다가 그 배롱나무 꽃의 생김새가 궁금해서 유심히 살펴보니 콩알만한 열매가 수없이 많이 달렸다. 그 열매마다 여섯 개의 아주 가녀린 꽃받침이 돋아난 끝으로 조그만 꽃 한 송이를 피워낸다. 부채형의 꽃잎 한 장이 적당히 말리고 접혀서 예쁜 모양의 한 송이가 만들어진다. 그것은 어느 꽃에서도 보지 못한 배롱나무만의 독특한 개성으로 푸른 잎과 조화를 이루며 큰 나무를 붉게 물들였다. 배롱나무는 저물어가는 가을의 빈 정원에 홀로 화려한 꽃을 피워서 사람들의 허전한 마음을 위무해주려는 것은 아닐까.

우리 생활에 타이밍이라는 것이 있다. 자기 희망과 의지를 실현하는 최적의 기회로 누구나 그 중요한 시기를 놓치지 않으려고 노력한다. 배롱나무는 그 타이밍을 아는 아주 현명한 나무 같았다. 그가 꽃을 피우는 시기는 많은 사람의 눈길을 끌기에 아주 알맞은 시기이다. 가을이 가까울 무렵이면 꽃에 갈증을 느끼기 시작할 때이다. 산과 들은 점점 메말라가고 파란 하늘 가로 소슬한 바람이 불면 우리의 가슴도 낙엽을 닮아간다. 그 무렵에 배롱나무는 풍성한 꽃을 피운다. 조금의 아름다움도 한껏 돋보이는 절묘한 시기에 타이밍을 잡고 여러 사람의 사랑을 받는다. 여름부터 꽃을 피우고 지기를 석 달 열흘을 거듭하며 아름다움을 뽐내고 있으니 돌아앉은 돌부처도 그 유혹을 뿌리칠 수는 없을 것이다.

나는 배롱나무의 의미를 알게 된 뒤부터 그를 바라보는 눈도 달라져갔다. 비록 화려하거나 향기롭지는 않더라도 조용히 사랑해 주기를 바라며 한없이 기다릴 줄 아는 그 모습이 그저 어여쁘기만 하다. 배롱나무의 아름다움이 마음의 눈으로 보이는 것은 어느새 나도 그의 유혹에 넘어간 것은 아닐까. 그의 모습에서 나는 또 하나의 의미를 찾게 되었고 사랑스러운 꽃 중의 하나로 마음에 담아두고 싶다.

내 비록 배롱나무 한 그루를 심을 땅도 없지만, 가슴속 넓은 밭에 그를 가득 심고 싶다. 내년 봄에는 고향에 모신 부모님 산소에도 배롱나무 한 그루를 심을 것이다. 그러면 텅 비어가는 가을 산중의 적막감을 조금이나마 덜 수 있지 않겠는가.

까치에게 상생을 청하다

봄이 무르익은 어느 날 계룡산을 찾았다. 태고를 닮은 산중에는 엊그제 내린 비로 경쾌한 물소리가 계곡을 넘쳤다. 산은 높은 곳에 오르기 좋아하는 사람들을 위해서 존재하는 것인가. 웅장한 산의 품 속을 헤치며 수많은 사람이 가파른 산길을 이어 오르고 있었다. 신선한 바람, 등정의 쾌감, 아마 그 순간은 너그러운 자연의 품에 안기는 평안의 시간이리라.

갑사甲寺에서 우거진 숲길을 따라 내려오고 있었다. 숲과 숲을 가로지르는 자연과 어울리지 않는 콘크리트전주가 눈에 거슬린다. 그 서먹한 모습에서 아름다움이란 서로 어울리는 각기 다른 것과의 조화라는 생각이 들었다. 그때 콘크리트전봇대 하나가 지나가는 내 발길을 붙잡았다. 삐죽이 서 있는 단단한 콘크리트전봇대에 푸른 소나무 가지가 자라는 이상스러운 현상이 눈에 뜨인 것이다. 그 기이함에 혹시 내가 잘못 본 것은 아닐까 하고 다시 한 번 더 확인을 해봤다. 분명히 우거진 숲 속에 서 있는 전봇대에는 전깃줄이 지나간 아랫부분에 푸른 소나무 가지가 사방으로 뻗어나 있었다. 솔잎이 싱싱하고 푸른 것이 건강하게 살아있는 소나무 가지 같았다. 이해할 수 없는 눈앞의 현상에 한 발 더 가까이 자세히 살펴보니 그것은 사람이 만들어 붙인 모형의 소나무 가지였다. 그 순간 상생이라는 말이 뇌리를 스쳤다. 전주의 전깃줄에 집을 지어서 전기의 공급을 방해하는 까치에게 인간이 집 지을 터전을 새로 마련해주고 상생을 청한 것이다.

상생이라는 말에서 화해와 공존의 따사로운 인간미가 느껴진다. 그 말을 가장 많이 쓰는 사람은 아마, 정치인들일 것이다. 우리는 상생을 외치는 정치가들에게서 진정으로 국민을 위하는 올바른 정치풍토가 이 땅에 자리잡기를 기대한다. 그러나 그 기대를 실현해준 정치인을 기억하기는 어려울 것 같다. 오히려 그들이 진정으로 상생을 원하는 것인가 하는 의문과 불신만을 불러오지 않나 싶다.

오늘 아침 산책길에서 제일 먼저 만난 것도 까치였다. 근래에 까치는 길조에서 해조로 그 신분이 뒤바뀌는 신세가 되어버렸다. 그럼에도, 까치란 놈들은 제 처지를 아는지 모르는지 낯짝 두껍게 특유의 억세고 거친 목소리로 깍깍거리며 신나게 나뭇가지를 뛰어다닌다. 요즘 까치들의 행패에 농민들은 넓은 그물망으로 과수원을 몽땅 덮어야 하고 전기회사는 전봇대에 지은 까치집을 걷어내기에 바쁘다. 그야말로 까치와 생존의 전쟁을 벌이는 것이다. 그런 까치란 놈들이 이른 아침부터 제멋대로 뛰며 소란을 떠는 모양이 눈에 거슬린다. 요즘은 까치뿐만이 아니라 야생동물에 의한 피해를 걱정하는 것도 매 마찬가지다. 생태계의 보전 노력으로 야생조류나 들짐승들이 계속 늘어나고 있기 때문이다. 결국, 그 수가 증가하여 인간의 생활영역까지 침범하여 피해를 준다. 그렇다고 동물에게 상생의 뜻을 이해시킬 수도 없고, 산아제한을 요구하거나 수놈을 모조리 잡아서 정관수술을 시킬 수도 없는 노릇이다.

세상은 상생을 추구하지만, 현실은 그와는 반대로 상극相剋으로 치닫는 경우가 허다하다. 사람이 희생과 양보가 요구되는 상생을 실현한다는 것이 그리 쉬운 일은 아닐 것이다. 그렇다고 너 죽고 나 살자는 상극의 관계로 세상을 살 거나 힘으로 해결할 수도 없는 일이다. 비록 작은 노력이지만 인간이 먼저 까치에게 화해와 공존의 손을 내밀었다. 까치가 그토록 원하는 전봇대에 집을 짓되 송전送電에 영향이 없는 모형의 소나무 가지에 짓도록 상생의 조건을 내놓은 것이다. 그것이 전봇대에 만들어 붙인 인공의 소나무 가지이며, 이제 공은 까치에게 넘어갔다. 그러나 영악스러운 까치에게 성공을 기대하기는 어렵지 않나 싶다. 다만, 요즘같이 상생을 앞세우고 상극으로 향하는 세상에 비록 작으나마 상생을 고민하고 시도했다는 사실만으로도 그 의미는 크다 할 것이다.

우둔한 까치가 그 제안을 선의로 받아들일지는 두고 볼 일이지만, 그래도 모형의 소나무 가지에서 상생의 아름다운 기운이 새싹처럼 돋아나기를 기대해보고 싶다.

꿈으로 사는 인생

구름 한 점 없는 하늘이 비단을 깔아놓은 듯 곱다. 나는 그 맑은 하늘의 유혹에 하던 일을 놓고 슬그머니 밖으로 나왔다. 늘 바라보는 하늘이지만 언제나 새롭다. 어제 같지 않은 오늘, 볼 때마다 새로운 하늘, 그 새로움이 삶에 의욕을 이어주는 질긴 끈이다.

어느새 11월도 이틀밖에 남지 않았다. 이즈음은 계절을 꼭 집어 말하기가 아주 애매한 때이다. 그래도 매정한 겨울보다는 낭만과 사색의 향기 그윽한 가을이고 싶다. 교정의 낙엽수는 어느새 잎이 모두 지고 유독 한 그루 단풍나무만 찬바람에 붉은 낙엽을 우수수 뿌리고 서 있다. 이제 저 낙엽마저 지고 나면 누구도 이 계절이 가을이기를 고집하지는 못할 것이다.

내가 여기 아름다운 교정에서 가을을 맞는 것이 벌써 세 번째

해가 되던가. 이 도시와 인연을 맺게 된 것은 내 인생에 새로운 기회였다. 인생전부였던 군인의 길, 그 빈틈없는 생활이 전역과 함께 고무줄처럼 풀리면서 전혀 예측하지 못한 시련이 찾아들었다. 대수롭지 않게 여겼던 생활의 변화에 지난날들의 기억이 거머리처럼 달라붙어 괴롭혔다. 몸에 밴 생활을 탈바꿈하기 위해서는 그만한 대가를 필요로 했다. 새로운 출발이 만만치 않은 현실에 부딪히자 신념으로 굳었던 자신감은 오히려 두려움으로 변하고 세상을 너무 안일한 눈으로 보고 있었음을 깨달았다. 그 무렵에 군과 관련된 업무로 전북대학교에서 근무하게 되었고, 어느새 약정된 기간도 반을 지나고 있다.

전·후방을 오가며 여러 해를 가족과 떨어져 살아온 나는, 그 생활에는 이골이 난 줄 알았다. 그러나 연고도 없는 타향에서 홀로 빈 방을 지키는 밤이면 전에 없던 쓸쓸함이 찾아든다. 오랫동안 잊고 있던 그 감정이 새롭게 고개를 드는 까닭은 달라진 내 처지와 나이 탓인가. 가족의 소중함과 그리움은 나이가 들어가면서 점점 더 절실해 지는 것 같다.

세간에 「95세 할아버지의 일기」라는 글이 감동을 주고 있다 한다. 나도 그 글을 읽으며 노옹老翁의 생각에 공감이 갔다. 65세에 은퇴하면서 이제부터 남은 인생은 덤이라고 생각했던 그가, 30년이 지나 95세가 되어서 후회의 눈물을 흘렸다고 한다. 65년의 생애는 자랑스럽지만, 덤으로 여겼던 30년은 부끄럽고 후회되는 비통한 삶이었다. 자신이 늙고 늦었다고 생각한 것이 큰 잘못이었다. 그 잘못된 생각이 도전의 삶을 포기하고 정리하는 삶을 살게 한 것이다. 지금은 95세가 되었지만 더는 후회하지 않는 삶을 살기 위해서 그 동안 하고 싶었던 어학 공부를 다시 시작하겠다는 내용이다. 이 얼마나 귀중한 깨달음이며 늙어가는 사람에게 주는 값진 교훈인가.

노인이 후회하게 된 까닭은 정리하는 인생을 선택하며 더 이상의 꿈을 중요하게 여기지 않았던 것이다. 누구나 후회없는 인생을 살기는 어려운 일이다. 그래도 꿈을 잃지 않는 삶을 살 수만 있다면 인생은 즐겁고 아름다울 것이다. 새로운 인생에 접어든 나에게도 역시 가장 절실한 것은 가슴에 살아있는 꿈이었다. 그 꿈이 비록 먼 곳의 이상이거나 작고 보잘 것 없다 하여도 내 마음에 품을 수만 있다면 그것만으로도 충분하지 않을까 싶다. 내 가슴에 품은 꿈이 곧 생명과 다름없음을 깨달았기 때문이다.

정작 자신에게는 지나치게 너그럽고 어두운 것이 사람이다. 한창 사회활동을 하고 안정된 삶을 살 때에는 자신을 강한 존재로 생각했었다. 그러나 한동안 내면의 갈등을 겪으며 그 믿음은 의혹으로 변하고 자신을 좀더 선명히 볼 수가 있었다. 인생은 끝없는 변화의 연속이다. 그 변화에 당당하던 모습은 어디 가고 점점 자신이 부족하고 작게만 생각되는 것은 오로지 잃어버린 꿈과 나약해진 정신 탓이다. 95세 노인의 후회와 조금도 다를 바가 없다. 다만, 그것을 일찍 깨달은 것이 다행이라 할까.

젊음이 넘치는 교정에는 겨울을 잊고 산다. 빈자리가 없는 도서관, 낙엽을 밟으며 사랑을 속삭이는 연인들, 정원에 둘러앉아 즐거운 객담에 한창인 젊은이들, 그 어디에도 쓸쓸하거나 겨울을 걱정하는 모습은 볼 수가 없다. 젊은이의 가슴에는 샘물처럼 솟아나는 꿈이 있어서다.

나이가 들수록 마르지 않는 꿈을 간직하여야 한다. 그것이 나를 세우는 힘이며 내일을 밝혀주는 등불이다. 머지않아 나의 이곳 생활도 접어야 할 것이고 또, 새로운 변화를 겪어야 한다. 그러나 더는 여기서 몇 번의 가을을 보낼 것인가를 걱정하지 않으련다. 비록 아름답고 찬란하지 않아도 넉넉하고 소박한 새로운 꿈을 심고 가꾸어 나갈 것이다.

이 나이에 아직도 꿈이 있고 희망이 남았느냐고 묻지 마라. 꿈은 주어지는 것이 아니라 내가 만드는 것이다. 드높은 가을 하늘을 우러르니 어제의 흐린 하늘은 사라지고 티 없이 맑고 푸른 하늘이 가슴 가득 내려앉는다.

내 마음의 시간

대학병원에 입원해 있는 지인과의 병문안 약속시간이 빠듯했다. 병원까지는 걸어서 불과 20여 분 거리이나 평소보다 더 멀고 시간은 더욱 빨리 지나가는 것 같았다.

촉박한 시간을 조금이나마 단축하려고 병원 부근의 아파트단지를 질러서 식당이 늘어선 골목길로 접어들 때였다. 갑자기 주택가 한가운데에서 시커먼 연기가 모락모락 솟아오르는 것이 심상치가 않았다. 큰 건물에 둘러싸여 현장은 보이지 않는데 점점 커지는 연기기둥이 아무래도 불이 난 것만 같았다. 약속시간은 급하지만, 궁금증에 그냥 지나칠 수가 없었다. 아직 불자동차의 사이렌 소리는 들릴 기미도 없고 길을 가던 내 마음이 더 급해졌다. 지나가던 사람들도 발을 멈추고 잘 보이는 곳을 찾아 이리저리 기웃거린다. 큰 건물 사이의 조립식 주택에서 불이 난 것이었다. 벌건 불길에 휩싸여 우두-두-두둑, 무서운 소리를 내며 사정없이 타오르기 시작한다. 한 가족의 삶의 보금자리이며 생명과 같은 재산이 한순간에 잿더미로 사그라져가는 안타까움을 어이하랴. 점점 번지는 불길은 한 발 사이로 가까이 붙어 있는 식당건물의 뒷자락으로 달라붙기 시작했다. 앞치마를 두른 아주머니가 황급히 뛰쳐나와서 발을 동동 구루며

"어떻게 해, 어떻게 해, 어떻게 해……."

숨넘어가는 외침을 연발하지만, 그 절규마저도 벌건 불길 속에 무참히 타들어가고 있었다. 사람들은 그저 바라만 볼 뿐 속수무책이다. 발을 동동 구르던 아주머니는 이제 혼비백산해서 제자리에서 길길이 뛰고 있었다. 지금 피를 말리며 애타게 소방차를 기다리는 저 사람들에게 단 1초의 시간도 한없이 길게만 느껴질 것이다. 그제야 그토록 기다리는 소방차의 사이렌 소리가 멀리서 아련하게 들려왔다. 아직은 그 모습이 보이지도 않지만 화급한 마음은 먼 사이렌 소리에도 일말의 위안을 찾는 듯했다. 이윽고, 불길 건너편에서 방화복을 입고 헬멧을 쓴 소방관들이 부지런히 호스를 펴기 시작하더니 난동을 부리는 화마의 정수리에 세찬 물줄기를 쏟아 붓기 시작한다. 위세 등등하던 불길은 서서히 기세가 꺾여가고 앞 식당으로도 더는 번질 것 같지 않았다.

그 순간이 얼마 만큼의 시간이었을까? 검은 연기를 목격한 그때부터 소방차가 올 때까지, 소방관들이 물 뿌릴 호스를 준비하는 동안, 그리고 그 불길을 잡을 때까지 그 순간순간은 한없이 길게만 느껴졌다. 아무 연관도 없는 구경꾼에 불과한 내가 그렇

게 느낄 때에 혼비백산했던 식당 아주머니는 얼마 만큼의 긴 시간을 마음으로 겪었을까. 정작 시계가 가리키는 시각은 불과 15분여가 지났을 뿐인데 가슴으로는 몇 십 년의 긴 시간이 흘렀을지도 모른다. 일각여삼추一刻如三秋라 했나. 일각은 15분에 불과하지만, 그 느낌은 마치 세 번의 가을을 보낸 삼 년 같은 긴 시간이란 뜻이다. 불에 타는 소중한 삶의 터전을 대책 없이 바라보는 그 다급한 심정은 어떤 표현으로도 부족할 것이다.

어린 시절에는 기다리는 마음만큼 시간은 빨리 흘러가지 않았다. 어서 어른이 되고 싶은 마음도 손꼽아 기다리는 명절도 그러했고, 동구 밖에서 시집간 누나를 기다리는 시간도 느릿느릿 답답하게만 지나갔다. 그러나 한 달이나 되던 긴 방학은 가는 줄도 모르게 순식간에 지나가 버리고 동무들과 조금만 놀고 오겠다는 어머니와의 약속시간도 금방 지나가 버렸다. 젊은 시절도 그렇게 가는 줄 모르게 정신없이 흘러간 세월이었다. 언제나 기다리는 시간은 더디게만 지나가고 곁에 두고 싶은 시간은 빨리도 지나갔다.

나는 두 모양의 시간으로 인생을 살아간다. 그 하나는 시곗바늘이 가리키는 표준의 시간이요, 또 하나는 가슴으로 흐르는 감정의 시간이다. 시계의 속도는 한결같아서 미세한 분초의 오차도 허용하지 않는다. 그러나 가슴으로 흐르는 감정의 시간은 그 시간을 가늠할 수가 없다. 나는 과연 어떠한 시간으로 인생을 살 것인가. 하루가 10년같이 지루하고 긴 시간도 아니요, 화마 앞에서 절규하던 그 아주머니의 짧고도 긴 시간도 아니다. 그렇다고 덧없이 지나가는 시간은 더더욱 아니다. 언제나 시곗바늘이 가리키는 그 시간으로 여유 있는 인생을 살고 싶다.

세상사에 부딪히는 매 순간마다 빠르고 느리기를 거듭하는 내 마음의 시계, 그 불안정한 시간을 내가 원하는 시간에 맞추며 여유로운 삶을 사는 것이 내 인생의 끝나지 않을 과제이다.

나는 나의 포로였다

소화제나 받을까 하고 직장 진료실 문을 두드렸다. 전자 혈압계가 눈앞에 입을 헤~ 벌리고 있다. 습관처럼 팔을 집어넣었다. 숫자판에는 150과 100이라는 붉은 숫자가 위험을 경고하며 나를 빤히 쳐다본다.

"어, 이게 뭐야! 아니 이건 고혈압이잖아."

나는 눈앞에 나타나는 숫자를 완강히 부인하며 당연한 오류이기를 바랐지만, 숫자는 내려올 기미가 전혀 없다. 가슴이 섬뜩하다.

다음 날부터 진료실에 출근하듯이 하루에 한 번씩 들리기 시작했다. 마음속에서는 고혈압을 인정할 수 없다는 고집이 부동의 자세로 버티고 있었다. 내 혈압은 분명히 정상이란 믿음으로 꼭 2주 동안 매일 측정을 하고 비교를 했으나 붉은 숫자는 여전히 위험선을 넘어가고 있었다. 아직 혈압을 의심해본 적이 없는데 예기치 않은 일에 마음이 무겁게 내려앉는다.

길 건너 내과의원을 찾아간 것은 내 믿음에 대한 확신을 얻기 위해서였다. 의사는 대수롭지 않은 표정으로 혈압을 재더니,

"150에 100이네요. 혈압이 좀 높기는 한데 일주일 뒤에 다시 재보시지요."

하며 고혈압의 증상과 합병증에 대해서 상세한 설명을 해준다. 그 순간 믿음은 산산이 부서지고 실망과 불안감이 엎혀온다. 의사의 부드러운 말씨와 여유 있는 표정이 다소의 위안은 되었으나, 그림자처럼 따라붙는 불안감을 떨칠 수는 없었다.

주말에 집을 들어서기가 바쁘게 동네 내과의원으로 달려갔다. 평소 편하게 대하던 의사 앞에서 오늘처럼 긴장해본 적은 없었다. 그의 표정과 행동, 혈압계를 조작하는 소리, 작은 몸짓 하나 하나에도 온 신경이 다 쓰였다. 한편으로는 이 긴장감이 혈압을 더 올리는 것은 아닐까 하는 걱정도 되었다. 측정이 끝나고 선고를 기다리는 순간, 그 짧은 시간은 길었고 마음은 불안에 흔들리고 있었다.

"150에 95네요. 이대로 계속 안 떨어지면 바로 약을 먹는 것이 좋습니다. 고혈압은 워낙 합병증이 무서우니까요."

'약', '합병증'. 갑자기 그 용어들이 두렵게 느껴지며 굳게 믿었던 건강에 대한 자부심은 서서히 의심의 방향으로 선회하고 있었다.

아직도 결과를 인정하지 못하는 내 마음은 무모한 고집일까.

건강에 대한 강한 믿음이 환자이기를 완강히 거부하는 것 같았다. 그리고는 한 번 더 확인을 해봐야 한다는 생각이 오기처럼 고개를 바짝 들었다.

세 번째 찾는 병원은 내가 버틸 수 있는 마지막 한계란 생각이 들었다. 벌써 내심으로는 이후의 혈압 관리 문제까지 염두에 두기 시작했다. 다음 날, 최후의 심판을 받는 마음으로 규모가 제법 큰 병원을 찾아갔다. 그러나 결과는 역시 마찬가지였고 한 달 뒤에 다시 확인을 해 보자는 유예기간을 두었다. 의사의 그런 진단에도 마음이 담담한 것은 이미 마음속에 저항의지를 잃고 포기한 것 같았다. 현대의술이 계측해준 숫자 앞에 내 믿음은 무모한 고집으로 전락하고 그 권위에 무릎을 꿇은 것이다. 의사가 쥐여주는 고혈압 관리 책자를 들고 나오며 앞으로 극진히 신봉해야 할 수칙들을 가슴에 하나씩 주워담기 시작했다. 집안에 병력病歷도 특별한 스트레스 요인도 없으니 의심할 만한 것은 즐기는 술과 음식뿐이다. 그날부터 술과 해롭다는 음식을 모두 끊고 싱겁게 먹기 시작했다. 이제 한 달 뒤에는 대략 그 원인을 짐작할 수 있으리라.

그러나 마음으로는 의사의 선고를 받아들인다 하면서도 막연한 고집은 여전히 반란을 계속하고 있었다. 갑자기 혈압이 높아진 사실에 대한 의문이 아직 설명되지 않아서다. 그것이 명쾌하게 설명될 수 없는 불가피성이 있다 해도 승복하기에는 억울한 생각이 들었다. 기다림은 언제나 가혹한 시간이다. 한 달을 기다리기에는 마음이 너무 조급했다. 급히 가정용 전자혈압계를 사서 측정을 시작했다. 이건 또 무슨 상황인가? 혈압은 120에 70 안팎의 정상으로 나타나는 것이었다.

"이거 순 엉터리 혈압계잖아, 제일 좋은 것이라고 비싸게 주고 샀는데, 당장 바꿔야겠어."

이미, 병원의 진단 결과에 마음이 기운 까닭인지 가정용 혈압계의 정상 수치가 오히려 짜증을 불러온다. 애먼 혈압계를 탓하자 아내가 앞집에서 쓰는 것을 빌려왔다. 역시, 비슷하게 나타나는 결과에 이제 의심의 화살은 가정용 전자혈압계로 돌아갔다.

며칠 뒤 나는 진료실의 전자혈압계와 가정용 전자혈압계를 번갈아 측정하며 엉터리 혈압계를 찾고 있었다. 옆에서 이를 바라보던 여직원이 오죽이나 답답했던지,

"옆방 약제실에 가시면 수은혈압계가 있어요. 그것이 제일 정확해요."

하며 권한다.

나이 지긋한 간호사가 수은혈압계의 공기주머니를 팽창시키며 혈관 위에 청진기를 대고 측정을 시작했다. 혈압계에 주입한 공기가 긴 한숨 소리를 내며 빠져나가자 그녀는 귀에 걸었던 청진기를 거두며 아주 간단하게 말했다.

"110에 70, 정상이네요."

정상! 눈이 번쩍 뜨였다. 얼마나 듣고 싶었던 그 말인가. 너무 쉽게 내뱉는 그 정상이란 한 마디가 쉽게 믿어지지 않았다. 그 기쁨을 다시 확인하기 위해서 내과병원으로 달려갔다. 그것은 틀림없는 현실이었고 소동은 그렇게 싱겁게 끝이 났다. 그러면

그렇지! 자신에 대한 믿음을 다시 확인하는 순간 어둡던 세상이 밝아지는 듯 가슴이 후련하다.

이제 남은 것은 그 동안의 의혹을 푸는 일이었다. 나를 고혈압으로 몰아붙인 것은 진료실의 부정확한 전자혈압계였을 것이다. 그런데 세 병원의 그 높은 혈압은 어떻게 나온 결과일까. 그 원인을 찾기는 불가능할 것으로 생각되었다. 다만, 마음속의 강박관념이 일시적으로 내 혈압을 끌어올렸을 것이란 추정이 가능할 뿐이다. 진료실의 전자혈압계가 나를 고혈압환자로 만든 그 순간부터 나는 내 마음에 사로잡힌 나의 포로였다.

우리는 때때로 원하지도 않는 생각에 사로잡히는 순간이 있다. 만약, 그 부정적인 생각을 떨치지 못하면 나는 나의 영원한 포로가 되고 말 것이다.

단칸방도 정이 들면

단칸방은 흠도 불편한 것도 아니었다. 요즘 같이 넓고 화려한 집을 선호하는 사람의 눈에 원룸이란 아주 작고 초라한 보잘것없는 방이다. 그러나 가치란 반드시 양이나 질만으로 결정되는 것은 아니지 않은가.

두 해 전 7월 초, 전주에 내려오면서 주말 부부가 되었다. 시내 지리도 전혀 모르는 초행인 주제에 지금의 아홉 평짜리 원룸을 밝다는 이유 하나만으로 무조건 계약을 했다. 입주하는 날 아내가 여기서 하룻밤을 묵었다. 밤새 방이 좁아서 갑갑하고 숨이 막힌다며 낯선 침대 위를 오르내리더니

"아이고, 내 여기서는 죽어도 못 살겠네."

하고는 불이 나게 집으로 올라갔다. 그 뒤 다시는 내려올 생각도 하지 않는 무심한 아내가 서운할 때도 있지만, 답답한 방을 생각

하면 충분히 이해가 된다.

그 좁은 방에 적응하기 어려운 것은 나도 매한가지였다. 4층을 오르내리는 계단과 통로는 한 사람이 다니면 꼭 맞는 폭에 층마다 네 개의 방이 ㄷ자로 배치되어 있다. 나는 3층의 두 번째에 있는 가운데 방에 살고 있다. 내 방의 위치가 방과 방 사이에 있어서 옆 벽에는 창문이 없다. 문을 열고 들어서면 현관을 겸한 코딱지만한 공간에 이어진 것이 단칸방이다. 원룸은 출입문이 곧 대문이요, 현관문이고 방문인 셈이다. 옆 창이 없는 이 방의 가장 큰 단점은 바람의 통로가 외길이라는 점이다. 출입문과 마주보는 창문이 유일한 바람의 통로여서 한쪽 문만 열어서는 통풍 효과가 없다. 출입문도 문제였다. 옆집과 내 출입문이 너무 가깝고 여는 방향을 반대로 달아서 동시에 문을 열기가 불편하고 문을 열어 놓으면 집안의 한쪽이 서로 훤히 들여다보인다. 무엇이건 단점만을 꼬집는다면 그보다 더 못한 것이 없을 것이다. 원룸도 여러 가지 단점은 있지만 제 나름의 좋은 점도 없지 않다. 한 칸의 방에 주방과 거실 겸 침실과 화장실까지 갖추고 있으니 번잡하게 움직일 필요가 없다. 당연히 청소도 간단하고 혼자 살기에 편리하다.

나는 계약기간만 끝나면 무조건 이사를 해야겠다고 벼르고 있었다. 지난 유월 말 계약기간이 끝날 무렵에 젊은 주인에게 이사하겠노라고 미리 전화를 했다. 방을 나가겠다는 말에 혹시 불편한 게 있느냐고 묻는다. 그 동안 말없이 살았는데 인제 와서 새삼 단점을 말해 무엇 하겠는가. 그냥 걸어서 출퇴근할 수 있는 가까운 곳으로 가고 싶다고 기분이 거슬리지 않게 말해 두었다.

지금보다 좀더 나은 원룸을 열심히 찾고 있었다. 출퇴근 거리가 가까우면 방이 갑갑하거나 복잡하고, 조용하다 싶으면 거리가 멀고, 조건이 좀 괜찮다 싶으면 빈 방이 없거나 아니면 방세가 너무 비싸다. 방 하나 구하는 것이 이렇게 어려운 일인가. 며칠을 찾다가 아무래도 내 입맛에 맞는 방을 찾기란 불가능에 가깝다는 생각이 들었다. 그렇게 새로운 방을 찾는 일이 어렵다 보니 슬그머니 지금 사는 방이 그래도 그 중 낫다는 생각이 꿈틀거렸다. 실증과 사실에 근거하지 않는 인식은 맹목이기 쉽다. 그래서 판단의 기준으로 삼을 비교의 대상이 반드시 필요하다. 내가 다른 원룸들을 둘러보고 나서야 이 방의 단점들이 별것도 아닌 사소한 불편으로 여겨졌기 때문이다. 역시 인간은 변화와 모험보다는 익숙한 것에 대한 미련과 향수를 쉽게 버리지 못하는 것 같다. 결국, 이사하는 것을 포기하고 눌러앉기로 했다.

주인이 2층에 크고 좋은 방이 비었다며 한 번 열어보라고 열쇠를 건네준다. 지금 사는 방보다 크기가 배는 되어 보였다. 건물의 갓방이라서 한쪽 벽면은 전부 베란다와 창이어서 통풍도 잘되고 햇볕도 잘 드는 시원한 방이었다. 소식을 들은 아내가 기회가 잘됐다고 당장 옮기라고 성화다. 그런데 막상 옮기려니 선뜻 마음이 내키지 않고 망설여진다. 그 방을 들어서는 순간 빈 방이 주는 썰렁함과 낯선 느낌이 너무 짙게 느껴졌다. 한쪽 면을 다 차지한 툭 터진 베란다와 넓은 유리 창문, 아주 통풍이 잘 될 것 같은 그 방에서 겨울이 먼저 생각났다. 그리고 화장실도 주방도 지금의 한 발짝 거리를 벗어나서 쓸데없이 멀다는 생각도 들었다. 넓은 방에 덜렁 혼자 앉아있을 처량한 모습도 상상이 되었다. 지금 내가 이 생트집 같은 허물을 내세우는 것은 이사하기 싫다는 핑계에 불과할 것이다.

그 동안 비좁은 방에 부부처럼 길든 것은 아닐까. 모든 생활도구가 한 발짝에도 손이 닿는 좁은 방, 그 불편하고 답답한 생활에도 소리 없이 피는 들꽃처럼 새록새록 정이 들었나 보다. 막상 이 방을 떠나려니 그 비좁은 방이 미련처럼 발길을 잡지 않는가.

세상에 좋고 안 좋은 것이 법전의 항목처럼 따로 정해졌다더냐. 살다 보면 정은 들게 마련이고, 그 정이란 것이 서로 모자라고 불편한 것을 채워주며 소중한 내 것으로 시나브로 자리잡는다. 내가 이 비좁은 방을 떠나지 못함도 그놈의 질긴 정 때문은 아닐까.

후회

후회란 어리석음의 결과이다. 그런데 내가 인생을 그런 후회로 사는 것만 같다. 매사의 뒤끝에는 '내가 왜 그랬을까?' 하는 크고 작은 아쉬움과 후회가 늘 따라붙는다. 그럴 때마다 어김없이 다짐을 하건만 또, 지나고 나면 후회가 남으니 그것도 인생의 한 부분이 아닌가 싶다.

오늘 아침에도 그런 후회되는 일을 하고 말았다. 지금의 원룸은 4층 건물로 모두 열 가구가 살고 있다. 주위가 고층 아파트와 일반 주택에 둘러싸여 있고 드나드는 입구가 좁고 불편해서 그리 좋은 여건은 아니다. 다행히 도시생활의 가장 불편한 문제의 하나인 주차에는 큰 어려움이 없다. 그런데 얼마 전 아래층의 한 젊은 여자와 주차 문제로 불편한 일을 겪게 되었다.

요즘 우리 원룸에 새 사람들이 이사를 왔는지 낯선 차들이 한둘 눈에 띄기 시작했다. 그 중에는 주차 공간이 비어 있음에도 꼭 드나드는 통로에 차를 세워두는 사람이 있었다. 그것도 덩치가 큰 스타렉스 자동차가 중앙 통로를 꽉 막으니 답답해서 더 눈에 거슬렸다. 차 주인이 누구인지는 모르지만, 저러다가 한마디 듣게 될 것이란 생각이 늘 따라다녔다. 어느 날 아침 출근길에 염려하던 그 차가 길을 막고 있어 차가 빠져나갈 수가 없었다. 아침부터 남의 집에 전화한다는 것이 꺼려지기는 했으나 그렇다고 무작정 기다릴 수가 없어서 차 앞에 써놓은 전화번호로 연락을 했다. 뜻밖에 아주 젊은 여자가 내려오더니 달다 쓰다 말 한 마디 없이 차를 빼주고는 급히 올라간다. 아마, 공동생활에서 이 정도는 아주 당연한 것으로 생각하는 것 같았다. 미안하다는 말 한 마디쯤 했으면 하는 아쉬움은 있었으나 그것을 탓할 수는 없는 일이어서 그냥 지나쳐버렸다.

그 뒤에도 간간이 그 차가 통로를 막는 일은 계속되었고 그럴 때마다 내가 오히려 불안한 마음이 들었다. 나의 지나친 우려가 화근이 된 것인가, 원하지 않는 두 번째 만남의 기회가 또, 오고 말았다. 전화를 받고 부스스한 눈을 비비며 차를 빼주는 그녀에게,

"공간이 저렇게 비어 있는데도 왜 통로를 막아서 주차를 하지요?"

하고 물었다.

"장소가 뭐 해서……."

그녀는 대답을 얼버무리며 슬그머니 올라가버렸다. 하기야

무슨 할 말이 있겠는가. 이제 두 번이나 호출을 받았으니 다시는 그곳에 주차하지 않을 것으로 생각했다. 그 효과였을까? 정말로 한동안 그런 일이 일어나지 않아서 내 짐작이 맞아떨어진 것으로 알았다.

아침에 콧노래를 흥얼거리며 문을 나설 때였다. 아래층에서 갑자기 자동차 경적이 요란하게 울리며 건물 전체를 깜짝 놀라게 했다. 의아한 마음으로 부지런히 계단을 내려갔다. 그곳에는 화가 잔뜩 난 표정의 옆방 청년이 휴대전화를 열심히 누르고 있었다. 또, 문제의 그 스타렉스 자동차가 통로를 막았고 전화마저도 받지 않는 것이었다. 우리는 미안함을 무릅쓰고 계단 통로에 대고 큰 소리로 외쳤다.

"스타렉스 차 주인이 누구요~."

잠시 뒤 문 소리가 나고 우리 앞에 나타난 사람은 역시 지난번에 만난 그 젊은 여자였다. 그 여자를 보는 순간 전혀 예측하지도 못한 감정의 소용돌이가 가슴에서 불끈 일었다.

"한 번도 아니고 계속 통로를 막으면 어쩌자는 거요."

마음에 깔렸던 감정의 발산이었을까. 곱지 않은 말에 목소리까지 커지고 말았다. 여인은 아무 대꾸도 없이 얼른 차를 빼주고는 바람처럼 횡하니 올라가 버렸다. 그리고 그 자리엔 '조금만 참았을 것을' 하는 내 마음에 후회만 고스란히 남았다. 상한 감정을 단번에 쏟아냈으니 시원해야할 내 마음은 왜, 더 무겁기만 한 것일까.

노여움에 끌려간 의지는 그 노여움이 가라앉으면 후회가 온다고 했다. 오늘 아침에 내가 그 노여움에 희롱당한 것만 같아서 온종일 껄끄럽고 찝찝한 마음이 따라다녔다.

"참을 걸, 한 번 더 참았어야 했다. 그것이 뭐 대단한 일이라고. 분노의 그 순간, 하늘을 한 번 쳐다보는 여유만 가졌어도 웃으며 넘길 수 있는 것을."

어차피 내 삶에 끝나지 않을 후회는 계속되겠지만, 언제인가는 유효할 때가 있겠지.

침묵의 외출

나를 내려놓은 택시는 달아나듯 어둠 속으로 사라졌다. 불이 꺼진 창문을 바라보며 잠시 서성이던 나는 내 원룸의 반대 방향으로 가고 있었다.

큰길 건너 아파트단지 샛길로 들어섰다. 그 길 끝에 어슴푸레 비치는 초이스라는 간판에는 영문 필기체로 coffee & beer라는 글자가 껌벅거렸다. 위로 보이는 2층 창가의 오밀조밀한 장식들이 동화 속의 백설공주 방을 연상하게 한다. 나는 건물 바깥 벽면에 붙어 있는 나무계단을 하나씩 오르기 시작했다. 뚜벅, 뚜벅, 뚜벅, 계단을 밟을 때마다 건반의 음계를 두드리듯 중량감 있는 저음이 울려 퍼진다. 아직 겨울이 꼬리를 채 여미지도 않았는데 출입문은 활짝 열려 있었다. 문 앞에서 홀 안을 휘~이 둘러봤다. 제법 넓은 홀은 막힌 곳이 없고 어두한 불빛에 등 높은 소파가 서로 방향을 달리하여 정돈되어 있다. 아직 이른 시간인지 실내는 쥐죽은 듯 조용하다. 갑자기 소파 한가운데서 젊은 여자가 불쑥 일어섰다. 등 높은 의자에 묻혀 있던 두 여자가 인기척에 깜짝 놀란 모양이었다. 주인으로 짐작되는 수수한 차림새의 젊은 여자가 나를 빤히 쳐다본다. 나이 지긋한 사람이 어찌 혼자 왔느냐고 묻는 것만 같아서 멋쩍은 생각이 든다. 그냥 나갈까 하고 망설이는 순간에,

"앉으세요."

하는 여인의 무표정하고 무덤덤한 말은 생기를 잃고 축 늘어진 화초를 닮아 있었다.

앉을 만한 곳을 찾아서 홀을 한 바퀴 훑어보고 갓 쪽으로 자리를 잡았다. 탁자를 가운데 놓고 마주 놓인 낡은 소파는 생각보다 깊고 푹신했으며 뒷좌석과는 완전하게 격리되었다. 소파가 너무 커서 혼자 앉기에는 썰렁한 느낌이 든다. 여자는 말없이 메뉴판을 탁자 위에 놓고 등뒤로 사라졌다. 검은색의 낡은 메뉴판표지에는 choice라는 때묻은 영문단어가 찍혀 있고 그 안에 나란히 적힌 양식과 한식 메뉴가 주르르 눈에 들어온다.

"여기요."

사라졌던 여자가 다가와 말없이 주문을 기다린다.

"맥주 주세요."

간단한 주문에 여자는 더는 말이 필요 없다는 듯 대답도 없이 돌아섰다.

얼마 후, 그 여자는 세 병의 맥주와 컵 하나 약간의 마른안주

가 담긴 접시를 탁자 위에 놓고 다시 말없이 사라졌다. 나는 탁자 위에 있는 병따개를 찾아서 첫 잔을 거품이 나지 않게 가득 채웠다. 실내 분위기는 무겁고 냉랭하지만, 맥주 맛은 여전하다. 지금의 내 모습은 썰렁한 실내 분위기에 더욱 처량하고 쓸쓸하게 보일 것이다. 그러나 그 처량함보다는 무료함이 더 했다. 그 흔한 유행가 가락도 TV 소리도 들리지 않는 실내는 깊은 침묵 속에 적막감만 흐른다. 이 유리잔 같은 고요를 깨뜨릴 수는 없을까. 무료함을 달래려고 이리저리 사방을 둘러보는 눈길에 소파 뒤에 놓인 트로피가 보였다. 웬 트로피? 실내등이 침침하고 글씨가 작아서 무슨 내용인지 읽기가 어렵다. 고개를 좌우로 기울여가며 흐린 불빛에 간신히 '배구대회'라는 네 글자를 식별했다. 아무리 생각해도 이곳에 어울리지 않는 트로피다. 나도, 저 트로피도, 초대받지 않은 이방인처럼 외롭게 홀로 앉아있었다.

이미 두 병의 맥주를 거의 비워간다. 아직도 다른 손님은 들지 않은 모양이다. 이 집은 지나치게 말이 귀하다는 생각이 들었다. 지금까지 젊은 주인여자의 "앉으세요." 단 한 마디와 주문에 필요한 "여기요." "맥주 주세요." 아주 절제된 세 마디가 전부였다. 어둡고 쓸쓸한 작은 방에서 밝고 따뜻한 세상을 향한 나의 외출은 완전한 실패로 돌아갔다. 오히려 더 깊고 무거운 침묵 속에 빠져들고 말았다.

시간은 열 시를 향해 느긋하게 움직이고 있었다. 이 답답한 곳에서 빨리 벗어나고 싶어졌다. 갑자기 나의 작은 방이 그리워졌다. 보잘것없는 단칸방은 여전히 나를 기다리고 있을 것이다. 벌써 3년을 동고동락하며 은연중에 정이 들어버린 초라한 방이다. 초이스의 이 무거운 침묵에 비하면 내 작은 방은 천국이나 다름없다. 내 마음껏 누릴 수 있는 자유와 안식과 평안의 공간, 그 조그마한 방이 절실하고도 그립게 다가온다. 어서 어두운 내 방에 등불을 밝히고 싶다.

초이스를 나와 부지런히 나무 계단을 내려온다. 계단을 울리는 소리가 경쾌하다. 주인도 없는 나의 빈방에는 주위의 희미한 불빛이 찾아와 방안 가득 채우고 있었다. 불을 밝힌다. 방안은 금방 따스한 기운이 감돌고 어둡던 마음도 환하게 밝아진다. 텔레비전이 즐거운 노래를 부르고 어리광을 부리듯 쉬지 않고 종알거린다. 방안의 보잘것없이 너절한 하나하나가 정겹고 아늑하다.

불현듯, 헤어져 있는 가족들의 모습이 슬그머니 내 곁에 다가와 앉는다.

가난한 부자

부유세를 내지 않는 부자 친구가 있다. 남의 재산을 알 수는 없지만, 내가 아는 그는 결코 경제적으로 부자는 아니다. 그저 적은 돈을 쪼개가며 성실하고 알뜰하게 사는 평범한 사람이다. 그러나 그에게서는 부족함이 느껴지지 않는다.

그는 한때 어느 중소기업에서 임원으로 일했으나 불행하게도 회사가 도산하면서 송사에 휘말려 오랫동안 고생을 한 적이 있었다. 나는 그런 사정을 까마득히 모르고 있었다. 그 무렵이 내가 서울에서 근무할 때인데, 그가 상경하면 간단한 안부전화를 주었으나 늘 변함없는 모습 그대로였다. 퇴직한 그의 생활이 궁금하기는 했으나 물어볼 기회도 없었고 새로운 일을 준비하는 것으로 혼자 지레짐작하고 있었다. 그러나 그는 어려운 일이 있어도 티를 내지 않는 곧고 깔끔한 성품이라서 송사에 관한 일을 오랫동안 함구를 했다. 그러던 어느 날 모든 문제가 원만하게 해결되었다며 그 동안의 어려웠던 사정 얘기를 털어놓는 것이었다. 오랜 송사에 답답하고 어려운 심정을 하소연하고 싶을 때가 어찌 한두 번이었을까. 그러나 그 고초를 전혀 내색도 하지 않고 잘 견디어온 그에게 존경의 마음이 저절로 우러났다. 속 깊고 신중하기에는 내가 비교될 수 없는 훌륭한 친구이다.

그는 젊은 시절 월남전에 참전한 후유증인지 여러 번 심혈관 계통의 수술을 받는 어려움도 겪었다. 그런 수술을 하면서도 퇴원을 한 다음에야

"나 얼마 전에 수술받았어."

하고는 대수롭지 않은 듯 넌지시 말을 건넨다. 남에게 부담을 주지 않으려는 그의 속 깊은 배려이다. 그의 언행은 항상 단정하고 여유가 느껴진다. 술에 취해도 흐트러지는 것을 보지 못했고 그와 함께 술잔을 기울이다 보면 헤어지는 것이 아쉽다. 나이가 들면 마음이 조급해지고 평소의 행동거지가 흐트러지기 쉬우나 늘 변함없는 그에게서 나를 비추어 보곤 한다.

사회심리학자 에리히 프롬은 인간을 존재지향과 소유지향으로 구분했다. 존재지향은 보는 것만으로도 좋아서 꼭 가져야 한다고 생각하지 않는다. 그러나 소유지향은 두고 보는 것만으로는 만족할 수 없다. 현대인은 점점 소유지향으로 변해가고 내 것과 네 것의 구분이 명확하기를 원한다. 평범한 사람이 소유의 욕망에서 벗어나기란 어려운 일이나 그렇다고 욕망으로 자신을 잃어버릴 수도 없다. 소유는 기쁨이지만 집착하면 기대만큼 상

처가 된다는 사실도 알아야 한다. 그래서 스스로 적절한 선을 그어가며 만족을 얻고 여유와 행복의 길을 찾는 것이 우리의 삶 아닌가. 친구는 이미 그 지혜를 깨닫고 자기행복의 틀에 안주한 것 같았다.

얼마 전에 평생 다니던 직장을 정년퇴직한 지인이 한 분 있다. 그는 퇴직하며 새 아파트로 이사도 하고 제2의 삶을 차곡차곡 준비하는 것 같았다. 가족이나 경제적인 면으로는 아무 걱정이 없는 분이니 노후준비도 아주 탄탄하게 했을 것이다. 그러나 간간이 들리는 소식은 근심과 걱정이 떠나지 않는 것 같았다. 내 생각에는 그 근심이 가정일이나 경제적인 어려움이 아니라 생활의 변화에서 당연히 올 수 있는 하나의 과정이 아닌가 싶었다. 오랜 세월 굳어진 수입과 지출의 균형이 퇴직과 함께 무너지면서 마음에 큰 구멍이 생겼을 것이다. 다달이 들어오던 월급은 끊기고 그 동안 모아놓은 돈을 헐어 쓸 때마다 그 마음이 얼마나 허전할까. 그럴 때면 지난날이 더욱 그립고 크게 느껴질 터이고, 그 정도가 지나치면 과거의 노예가 되기 쉽다.

만약에 내가 다시 예전으로 돌아가서 자신의 인생을 선택할 기회가 주어진다면 어떤 삶을 살 것인가. 권세와 재물, 명예, 인기, 사회적 존경 등 누구나 부러워하는 인생을 바랄 것이다. 지금까지의 내 인생도 그러한 갈망으로 일관해 오지 않았는가. 어느 날 문득 지나온 삶을 돌아보니 모두가 한낱 구름 같은 것이요, 끝없는 욕심이 마음의 짐이었음을 어렴풋이나마 깨닫는다.

어느덧 아침 저녁 선선한 바람이 불어오는 가을이다. 오늘따라 마음이 넉넉한 그 부자 친구가 유난히도 가슴에 느껴지는 날이다.

제4부

일처다부시대一妻多夫時代가 오는 것인가
배가 불러서 아름다운 여자
안녕하세요
아들 날까 딸 날까
헌 가구의 삶
회상回想
지나간 달력을 뜯으며
이유 있는 침묵
모텔 삼국지三國地
경험 그리고 이해

일처다부시대—妻多夫時代가 오는 것인가

J시에서 안보강연을 할 때이다. 그날은 민방위대장을 겸하는 통장들을 대상으로 하는 강연이었다. 약 2백여 명의 청중 대부분은 여성이었다. 그때에 국가행정의 첨단에도 대부분 여성이 수고하고 있다는 사실을 알게 되었다.

나는 강연의 서두를 이렇게 시작했다.

"조선시대에는 양반이 첩실 한둘 두는 것은 아주 당연한 일이었고, 사랑방에서 가장의 기침 소리만 커도 온 집안이 긴장하던 시대가 있었다. 내가 그런 남성권위시대에 살지 못한 것을 매우 아쉽게 생각했다."

내 말이 거기까지 나왔을 때다. 갑자기 청중 한가운데에서,

"에~이!"

하고, 어느 여성의 불만섞인 고함이 터졌다. 내 얘기의 골자는

그것이 아니었고, 본론으로 가는 서언에 불과함에도 성미 급한 여성의 반응은 대단히 직설적이고도 완강했다. 남녀평등을 넘어 여성우위로 가는 이 시대에 함부로 남성의 권위를 앞세울 수는 없다. 그 결과로 내가 더는 이 자리에 발붙일 수 없다는 사실이 분명한데 스스로 불 속에 뛰어들 수는 없는 일이다.

얼마 전, 어느 일간지에 "아시아 남초男超 시한폭탄"이라는 기사가 실렸다. 남녀성비의 불균형현상은 아들을 선호하는 유교권의 나라들이 특히 심해서 아시아 지역의 새로운 사회적 불안정 요인이 되고 있다 한다. 그 예로 인도와 중국의 일부 지역에서는 신생아의 성비가 여아 100명에 남아는 130명까지 이른다고 하니 그 통계만으로도 위기를 느끼기에 충분하지 않을까 싶다. 이런 추세로 2020년이 되면 중국의 신붓감은 4천만 명이나 모자란다고 한다. 우리와 인접한 중국이 장가 못가는 남자가 4천만 명이나 된다면 어떠한 문제가 발생할까? 결코, 남의 일로 가벼이 흘려버릴 수 없는 이야기다. 우리나라도 이에 못지않아서 100대 112명으로 신생아의 성비불균형현상이 두드러지고 있다. 신붓감 모자라기는 정도의 차이일 뿐 중국과 다를 바가 없다는 얘기다.

성비의 불균형에서 오는 사회적 문제는 벌써 밖으로 불거지고 있다. 요즘 초등학교에서는 자리 배정을 할 때에 남녀아동의 짝맞추기가 어려워져서 남자애들끼리 짝이 되면 대번에 인상이 변한다고 한다. 농촌총각의 결혼이 어려워지자 동남아 등 여러 나라에서 신부를 맞이하는 다문화 가정이 보편화되었다. 만약에 그 길마저 없었더라면, 농촌에서 아기 울음소리를 듣는다는 것은 아예 포기해야 했을 것이다. 이러한 인구문제는 머지않은 미래에 더 크고 거센 파도로 우리 앞에 밀어닥칠 것이 분명하다.

농경시대에 남자는 중요한 노동력의 원천이었고 집안의 기둥과 같은 존재였다. 농사를 짓고 땔감을 준비하는 일에 남자의 힘이 절대적으로 필요했다. 그런 시대에 남성의 권위는 상승하고 존중될 수밖에 없었을 것이다. 그러나 남자라고 해서 반드시 그런 권위만을 보장받는 것은 아니었고 한편으로는 온갖 수난을 겪어야 하는 짐을 져야 했다. 잦은 외세의 침략에 대항해서 전쟁에 나아가 목숨을 걸고 싸워야 했으며 크고 작은 부역에 동원되는 것도 역시 젊은 남자였으니 이래저래 제명을 살기가 쉽지는 않았을 것이다. 가까운 6 · 25전쟁의 결과만 봐도 전사하거나 실종된 국군이 13만 7천 명이나 되고 민간인 희생자까지 포함하면 130만 명 정도로 추정한다. 나라가 큰 환난을 겪을 때마다 희생자 대다수는 젊은 남자였고 그것이 본의 아니게도 남성의 수적인 열세를 낳게 되어서 권위를 부추기는 결과를 가져온 것은 아닐까 싶다.

여성이 가정을 지키는 것만을 최고의 미덕으로 여기던 시대는 멀어져갔다. 그 동안 금녀의 영역으로 여겼던 직업군인이며 선박과 항공기 조종사 등의 분야까지도 여성이 활발히 진출하는 그야말로 남녀평등의 시대가 되었다. 가정과 사회에서 여성의 목소리는 점점 더 커간다. 이제 남녀차별이란 의미를 역사 속에서나 찾아야 할 날도 머지않았다는 생각이 든다. 그러나 여성의 사회진출이 활발해질수록 남성의 자리는 그만큼 줄어들게 마련이고 그 동안 남성이 누리던 권위를 모두 내려놓은 이 마당에 어찌 위기감을 느끼지 않을 수가 있겠는가. 벌써 아내가 가정경제를 책임지고 남편이 가사와 육아를 전담하는 전업주부남편 얘기도 자연스럽게 나온다. 이러한 시대에 내가 강연의 서두에서 과거 남성의 권위가 하늘을 찌르던 조선시대가 그립다는 말을 함부로 떠벌였으니 여성의 강한 거부반응이 나오는 것은 지극히 당연한 결과일 것이다.

그러나 내가 위기감을 느끼는 것은 그러한 남성의 되지 않을 우월감이나 권위의 문제가 아니다. 인간이 누릴 행복을 결코 성별로 차별할 수는 없는 일이니 남녀평등의 시대가 오는 것은 순리이다. 다만, 남녀성비의 불균형이 심화하고 역할의 구분이 없는 시대가 지나쳐서 행여나 일처다부시대一妻多夫時代가 오는 것은 아닐까 하는 기우에서 느끼는 남자의 위기감이다.

무엇이건 균형을 유지하지 못하고 중심을 잃으면 추락한다. 한쪽으로 치우치는 남녀성비의 불균형, 장차 그것이 우리 사회를 어디로 추락시킬 것인가.

배가 불러서 아름다운 여자

아름다움을 찾으려는 여성의 바람이 거세다. 날씬하고 아름답기 위한 노력은 가히 눈물겨울 정도이다. 이런 세상에 배가 불룩하게 나온 여자가 어찌 아름답게 봐주기를 기대할 것인가.

남자의 배를 재력과 인격처럼 생각하고, 여자는 적당한 살집이 있어야 부잣집 맏며느릿감으로 여기던 시대가 있었다. 그러나 지금 시대는 뚱뚱하거나 배가 나오는 것을 온몸으로 거부하는 세상이다. 비만은 날씬한 미인을 꿈꾸는 여성에게 원수 같은 존재요, 만병의 근원이 되는 건강의 적이니 뱃살 줄이기에 목숨을 걸다시피 하는 몸부림은 당연하다.

그러나 뱃살 줄이는 일도 중요하지만, 지금 우리가 처한 여건은 비만으로 배가 나오고 들어간 것이 문제가 아니다. 나라를 건사하려면 인구가 유지되어야 하는데 젊은 부부들이 출산을 꺼리는 바람에 심각한 문제에 당면하고 말았다. 우선은 여자의 배가 불러야 출산을 할 것이 아닌가. 그런데 배가 나와야 할 사람은 안 나오고 안 나와야 할 사람들이 배가 나와서 걱정들이다. 이런 세상에 배가 나와서 고민하는 사람들의 배 타령은 그야말로 복에 겨운 배부른 소리가 아닐까 싶다.

통계에 의하면 우리나라 가임 부부의 출산율이 1.08명이라고 한다. 온갖 방법으로 산아제한을 권장하던 시절이 엊그제 같은데, 어느 날 갑자기 세계에서 출산율이 가장 낮은 나라로 사정이 바뀌었다. 40여 년 전에는 정부가 산아제한정책을 적극적으로 시행했었다. 그 산아제한의 전위대였던 가족계획협회에서는 인구팽창으로 지구가 폭발할 지경이니 애 좀 낳지 말라고 집집을 누비며 설득했다. 가임 부부에게는 아예 생식기능이 제 구실을 못하게 불임 수술까지 해주었다. 향토예비군훈련장에서 정관수술을 받으면 그날 훈련을 면해주었으니 얼마나 산아제한에 적극적이었는지 짐작이 갈 것이다. 그러나 한 세대가 지난 지금은 오히려 출산장려정책을 요란하게 내놓고 있다. 제발 애를 낳지 말라던 가족계획협회는 인구보건복지협회로 이름마저 바꾸고 출산 장려사업을 하고 있다. 중앙정부와 지방자치단체가 출산 장려금 등의 혜택을 내세우며 애를 많이 낳으라고 발벗고 나서게 되었으니 참으로 격세지감隔世之感을 느낀다. 이러한 출산기피 현상은 여성들의 활발한 사회활동과 육아, 교육문제 등 여러 요인이 있겠지만, 그 중에는 아름다움을 잃지 않으려는 여성의 욕망도 중요한 원인의 하나가 되지 않을까 싶다.

엊그제는 집 앞에서 시내버스를 타자마자 운 좋게도 금방 앉아 갈 수가 있었다. 요즘은 자리 양보에 아주 인색한 세상이다. 시내버스 앞부분에 노약자석이라고 써 붙여 놓은 좌석은 젊은이나 학생들이 차지하고 노인은 그 옆에 서서 가는 모양을 자주 접한다. 제 구실을 못하는 노약자석을 바라보며 서글픔을 느끼지 않을 수 없다.

버스가 출발하고 두 번째 정거장에 도착하자 이미 버스 안은 서 있는 승객이 반을 넘었다. 내 좌석 옆에 기둥처럼 세워진 파이프는 서 있는 사람이 잡기에는 아주 안성맞춤이었다. 비좁은 버스에서 무심코 옆을 바라보니 어느 여자가 그 파이프를 잡고 서 있었다. 거리가 닿을 듯 가까워서 그 사람의 얼굴을 볼 수는 없지만, 여자의 남산만한 배가 내 앞을 가로막았다. 그것은 흔히 여성들이 아름다워지기 위해서 목숨을 거는 그런 배가 아니라 나라의 미래를 위한 희망의 배였고 반드시 축복받아야 할 아름답고 성스러운 생명의 배였다. 나는 운 좋게 얻은 그 좌석에서 벌떡 일어났다.

"여기 앉으세요."

젊은 여인은 미안한 얼굴로 한 번을 사양하더니 자리에 앉았다. 그리고는 버스가 시내에 도착하자,

"감사합니다!"

하고는 얌전히 내렸다. 차창으로 보이는 그 젊은 여자는 터질 듯이 부른 배를 더 내밀며 자랑스레 걸어가고 있었다. 그때 배부

른 여자의 모습이야말로 여자의 진정한 아름다움이란 생각이 들었다.

그 여인이 앉았던 자리에 다시 앉는 내 마음이 흐뭇하다. 그 자리에는 배가 불러서 아름다운 여자의 모습이 그림자처럼 남아 있었다. 어느새 그 배부른 여자가 내 눈앞에 건강하고 귀여운 아기의 수정 같은 눈망울을 남기고 갔던 것이다.

안녕하세요

계절의 아름다움에 흠뻑 취하는 봄이다.

지난 주말에는 계룡산 갑사에서 남매탑을 거쳐 동학사로 넘어왔다. 다음에는 봄맛이 가시기 전에 신원사에서 동학사로 넘어오는 산행을 하기로 마음먹었다. 마침 석탄일에 절 구경도 할 겸 산행에는 다시없는 기회였다. 그런데 날씨가 문제였다. 처음 가는 산행코스에 한껏 기대는 부풀었는데 기상예보가 심상치 않다. 늦은 저녁까지 혹시나 하고 기다리던 일기예보는 내일 산악지역에 천둥 번개와 돌풍까지 분다는 바람에 벼르던 산행을 미리 포기하고 말았다.

예보와 달리 아침부터 거실 깊숙이 파고드는 화창한 봄볕이 나를 못 견디게 유혹한다. 계룡산을 포기한 아쉬움을 가까운 산에서 달래려고 주섬주섬 집을 나섰다. 도시의 한 부분인 보문산에도 여러 곳에 절이 있다. 산을 오르는 내내 근처 산사에서 울려 퍼지는 찬불가와 염불 소리가 귓전에 따라온다. 그 청아하고 구성진 염불 소리와 아까시꽃의 그윽한 향기에 이 세상이 저리 맑고 깨끗할 수는 없을까 하는 생각을 해 본다. 그런데 발길을 따라오는 염불 소리가 어딘지 낯설지 않다는 생각이 든다. 누구의 목소리일까?

며칠 전, 어둑어둑해질 무렵 집 앞 도로 건널목을 막 건넜을 때였다.

"안-녕-하-세-요."

한 자 한 자를 읊듯이 또박또박한 발음으로 약간의 어눌함이 느껴지는 큰 소리의 인사가 들려왔다. 평범함을 넘는 큰 목소리에 음색은 맑고 청아하다. 어둑한 저녁 무렵, 사람을 쉽게 구별하기도 쉽지 않은 거리에서 누구에게 보내는 인사일까. 굳이 그 목소리의 주인공을 보지 않아도 짐작이 갔다. 우선, 그가 여전히 변함없다는 사실이 반가웠다. 말 한 마디 나눠 본 바도 없는 사이니 그 반가움은 나만의 감정이다.

오랜만에 보는 그의 짧은 머리가 불빛에 희끗희끗하다. 그는 내 앞을 지나서 아파트 샛길을 내려가며 '안-녕- 하-세-요.' 하고 똑같은 인사를 계속하고 있었다. 한쪽 다리를 절룩거리며 걸어가는 그의 뒷모습을 바라보며 목소리가 참으로 맑고 깨끗하다는 생각을 한다.

내가 그를 처음 본 것은 두어 해 전으로 동네 헬스클럽에서다. 그는 나와 비슷한 저녁 시간에 운동을 나왔다. 불혹의 나이는 되었을까, 한쪽 다리를 절고 말도 매끄럽지 못한 것이 심신이 불편해 보였으나 준수한 외모에 깔끔하고 맑은 목소리가 아주 인상적이었다. 만나는 사람마다 큰 소리로 건네는 한결같은 인사는 "안－녕－하－세－요."였다. 처음에는 서로 아는 사람과 나누는 인사인 줄로 알았다. 그러나 사람과 때를 가리지 않고 건네는 그 인사가 그의 순수한 마음이란 것을 느끼게 되었다. 비록 몸은 불편해 보이지만 그의 표정만큼은 밝았다. 그가 있는 곳에는 언제나 '안녕하세요.' 하는 인사가 그림자처럼 따라다녔다.

한동안 보이지 않던 그를 다시 만난 것은 지난 해 봄일 것이다. 어느 날 새벽 천변으로 산책하러 나갔다. 도시의 변두리라서 사람의 모습은 보이지 않는데 갑자기 저 멀리 제방 위에서 '안－녕－하－세－요.' 하는 큰 소리가 들려왔다. 나는 직감적으로 그가 누구인지 알았다. 그 인사가 나만을 향한 것이 아니라는 것을 알고 있었다. 제방 길을 걸으며 멀리 지나가는 사람만 보여도 빠짐없이 큰소리로 인사를 했다. 그때, 어쩌면 저 인사가 세상 모든 사람의 안녕을 기원하는 아침인사일 것이란 생각이 들었다. 미움과 불신으로 점점 삭막해져가는 이 세상을 향한 아름다운 손짓 같기도 했다. 싱그러운 아침에 맑은 목소리의 그 인사에 나도 반갑게 큰소리로 화답했다.

"안녕하세요~."

요즈음은 가벼운 인사마저도 인색한 세상이다. 이웃 간에도 무심함에 서먹하고 친절을 오히려 불편하게 받아들이는 사람도 있다. 그러나 산행길에서 스치는 사람의 가벼운 인사 한 마디가 발걸음을 가볍게 하고 마음을 향기롭게 한다.

티가 묻지 않는 그 사람의 어눌한 인사는 언제나 밝고 순수함이 배어 있다. 산을 오르는 내내 그 맑고 고운 인사가 산사의 염불 소리와 어우러져 귓가를 맴돌았다. 산 정상에 올라 도시를 내려다보며 자비와 사랑이 가득한 밝은 세상, 만나는 사람마다 반갑고 정답게 인사를 건네는 아름다운 거리를 그려본다.

"안녕하세요."

아들 날까 딸 날까

딸 가진 친구를 무척 부러워했다. 내게는 두 아들이 있으나 아비를 닮아서인지 머슴애들이라 그런지 싹싹한 면이라고는 보이질 않는다. 더구나 중학생이 된 뒤부터는 한 달에 한 번 보기도 쉽지 않은 아버지를 어려워했다. 한 번은 온 식구가 여행이라도 가고 싶어 어렵게 제안을 했더니,

"아빠 엄마나 잘 다녀오세요."

하고는 사정을 봐주는 척하고 슬그머니 빠져버린다. 그럴 때마다 괘씸하기도 하고 서운한 마음도 들지만 그렇다고 나무랄 수도 없는 일이었다.

나이가 들며 친구들이 딸과 사위 자랑하는 것이 부러워진다. 사위가 좋은 술을 가져와 한 잔 했다는 둥, 딸내미가 사준 옷이라는 둥, 슬그머니 딸과 사위 자랑을 꺼내놓는다. 그럴 때마다

내가 전생에 무슨 죄가 있어서 딸도 없느냐는 푸념을 늘어지게 했다. 아들 하나 얻으려고 목숨을 걸던 부모님시대를 생각하면 복에 겨운 소리지만…….

결혼 전에는 자식이란 아들딸 고루 섞어 다섯은 있어야 한다고 생각했다. 그런데 아들 둘을 낳고 보니 더 낳으면 또 아들일 것이란 예감이 들었다. 더구나 당시는 인구 억제 정책으로 산아제한을 활발하게 전개할 때여서 아들딸 구별 말고 둘만 낳아 잘 기르자는 것이 국가시책이었으니 이래저래 아들 둘로 끝났다. 그러나 세상을 혼자만 사는 것도 아니고 눈과 귀를 막고 살 수도 없는 일이 아닌가. 어쩌다가 친구들의 자식자랑을 들어보면 아들이나 며느리 자랑보다는 시집간 딸과 사위 자랑이 더한 것 같다. 아마 딸은 애틋한 정이 많고 살가운 데다가 또 자식을 낳아보면 부모 생각이 더 깊어지는 모양이다. 그럴 때마다 부러운 마음이 자꾸 드는 것은 어쩔 수가 없었다.

작년 5월의 일이다. 백수생활이 얼마나 어려운 것인가를 체험하고 새로운 일을 찾으려고 시험을 치르는 기회가 있었다. 시험을 치는 날 아침에 작은 녀석이 나를 시험장까지 태워주겠다고 나서는 것이었다. 고맙고 기특한 생각에 기꺼이 몸을 맡기고 시험장 부근까지 갔다. 그런데 아들 녀석이 갑자기 운전대를 놓으며,

"아빠, 뽀뽀!"

하고는 얼굴을 들이대는 것이 아닌가. 스물이 넘은 장성한 아들이 내 볼에다 뽀뽀를 하고는,

"아빠, 시험 잘 보세요."

하고 돌아간다. 순간 가슴이 찡했다. 평소 몰랐던 아들 녀석의 속내를 알고서 마음속에서 진한 기쁨이 뭉게구름처럼 피어올랐다.

모든 사물은 양면성을 가지고 있다. 딸을 기르는 부모들이 얼마나 세심한 관심과 정성으로 애쓰는지 그 생활을 옆에서 봐왔다. 아침 저녁 시간 맞춰 등하교시키고 밖에서 조금만 늦어도 걱정을 태산같이 한다. 아마 내가 딸을 두었어도 그럴 수밖에 없었을 것이란 생각이 들었다. 나는 딸이 없으니 그만큼 깊은 자식 걱정을 덜 하고 산 셈인가. 그것을 딸 없는 복이라고 할 수도 있겠지만, 그래도 자식은 골고루 두어야 사람 사는 재미가 나는 게 아닌가 싶다.

요즘은 노후를 자식한테 의존하려는 부모는 별로 없다. 오히려 자식에게 짐이 되지 않기 위한 노후설계를 미리들 한다. 젊은 세대들도 대부분 결혼은 곧 독립해서 사는 것으로 생각하는 것이 요즘의 세태이다. 그러다 보니 썰렁한 노인 가구들이 늘어갈 수밖에 없다. 자식에 대한 사랑과 걱정은 죽기 전엔 절대 못 버리는 것이 부모지만, 그렇다고 서운한 마음마저도 없을까. 아마, 부모의 마음은 자식의 경제적인 도움보다도 살가운 말 한 마디가 더 절실할지도 모른다. 그래서 이제는 아들과 딸 구분하며 자식을 선호하는 것보다 효성스러운 자식으로 키우는 것이 더 중요하지 않을까 싶다. 우리 자식세대는 내 것 네 것의 계산이 빠르고 자기본위의 인생을 중요하게 생각한다. 그런 자식을 나이 든 부모가 쉽게 이해하고 받아들이기는 쉽지 않을 것이다.

요즘 사회변화나 젊은이의 의식이 예전처럼 아들 날까, 딸 날까, 애태우던 시대는 이미 지나간 것 같다. 품 안의 자식이라고 하지 않던가. 어차피 자식이란 결혼을 해서 제 식구끼리 잘 살아주고 부모 걱정 안 시키는 것만 해도 큰 효도가 아닐까 싶다.

(전민일보)

헌 가구의 삶

겨울을 털어내고 봄맞이 준비가 한창이다. 이사철을 맞은 아파트단지에도 고가사다리가 분주하게 오르내린다. 이즈음이면 갖가지 헌 생활용품들이 밖으로 굴러 나온다. 헌 장롱이며 책상, 침대 등 아직 제법 쓸 만한 물건도 제자리를 잃고 밀려난다. 그 버려진 물건마다 마치 저승 가는 노잣돈 영수증처럼 딱지 한 장씩을 붙여 놓는다. 동사무소에 폐품처리비용을 낸 영수증으로 그것이 곧 처리증표인 것이다. 그 딱지가 붙지 않으면 버려진 가구가 제아무리 나를 데려가 주시오 하고 애원을 해도 환경미화원은 거들떠보지도 않는다. 그래서 사람도 물건도 마지막 순간까지 비용을 제대로 들이지 않으면 죽어서까지 천덕꾸러기가 되기 십상이란 생각을 하게 된다.

참으로 해묵은 옛일이 되었지만, 결혼해서 한동안은 보따리살림을 살았다. 어느 해는 부대를 따라서 세 번을 옮길 정도로 이사가 잦았지만, 특별히 짐이 될 만한 것이 없었으니 오히려 다행스럽기도 했다. 강원도에서 광주로 이사할 때에는 소화물 몇 덩어리가 전부였다. 이삿짐은 삼척역에서 광주 송정리역까지 소화물로 탁송을 시켰다. 그때 가느다란 파이프를 조립해서 비닐 포장을 씌우는 조립식비키니 옷장이 하나 있었는데 그 크기가 요즘 사무실캐비닛만 했다. 그래도 그것이 한동안 우리 집 장롱 역할을 성실히 해준 가구였다. 지난날의 추억을 담아둔 앨범을 펼치면 내 사진에는 같은 옷들이 자주 눈에 뜨인다. 여유 없는 살림에 한 가지 옷을 오래 두고 입은 증거지만 세월이 지나고 보니 오히려 그것이 특징 있는 기록의 하나가 되었다. 그런 우리 살림에 쉽게 버릴 것은 별로 없었을 것이다.

광주에 살던 어느 날 우리 집에 헌 가구 하나가 들어왔다. 같은 아파트 단지 내에 학교 동창이 살고 있었다. 객지에서 만난 반가움에 식구들까지 허물없이 오가며 살다 보니 살림살이까지 훤히 알게 되었다. 그런 친구가 빈집 같은 우리 집 살림에 마음이 쓰였던 모양이었다. 어느 날 아내가 조심스럽게 말을 전해왔다. 친구의 부인이 괜찮다면 자기 집에 있는 쓰던 책장을 주겠다는 것이었다. 사실 제 살림이나 내 살림이나 크게 다를 게 없었다. 친구의 그 호의를 고마운 마음으로 기꺼이 받아들이기로 한 것이다. 손수 짠 책장 겸 진열장으로 장롱 정도의 높이에 위에는 책을 정리하고 아래에 잡다한 것들을 넣을 수가 있었다. 그것이 우리 집에서 가장 덩치가 큰 세간으로 군림하며 아주 요긴하게 쓰였다. 그러나 한 10년쯤 지나니 그것도 늙고 노쇠했을 뿐더러 초라하고 궁상스럽게 보여서 손님이 오면 슬슬 눈치까지 보이는 것이었다. 사실은 살림살이 사정이 좀 나아지니 마음이 달라졌다는 말이 맞을 것 같다. 사람도 물건도 청춘의 황금 시절이 지나면 차츰 눈길이 멀어지게 마련이다. 그래도 오랜 세월 정이 든 것을 버릴 때에는 나름대로 서운함도 있었고, 요즘 가구에 비하면 아주 보잘것없고 하찮은 것이지만 아직도 눈에 선하다.

누구나 쓰던 물건을 버린다는 것이 그렇게 쉬운 일은 아닐 것이다. 버리기 전에 소용되고 짐이 되는 정도와 그리고 유행을 타는 요모조모까지 많은 생각을 하게 될 것이다. 그보다는 묵은 정을 버려야 하는 아쉬움이 어찌 가벼울까. 그 정리를 생각하면 차마 밖에 내놓기가 그렇게 쉽지는 않을 것이다. 당연히 숙고하고 추려서 둘 것과 버릴 것을 가리고 나서 이별의 딱지를 붙였을 것이다. 그래도 아직은 쓸 만하고 멀쩡한 가구가 버려지는 것은 결국 사람의 허영심과 욕심에 희생되는 것만 같다. 새것에 밀려서 제자리를 빼앗기고 주인의 사랑도 잃고 버림까지 받는다면 비록 순리라 할지라도 연민이 가지 않을 수가 없다. 사람도 나이가 들어 몸도 마음도 시들어가면, 저 헌 가구 같은 신세가 되지 않는다고 어찌 장담할까.

큰길 네거리를 돌아가려니 길모퉁이 헌 가구점에 수집한 가구들이 산더미같이 쌓여 있다. 버린 가구들을 거두어서 다시 손을 보고 덧칠을 해 놓으니 어디에 내놔도 손색없게 말끔하다. 매정하게 버려진 헌 가구지만, 다시 태어나듯 새 생활을 할 수 있다는 생각에 한결 마음이 밝아진다. 부디, 좋은 주인을 만나서 사랑받는 새 삶을 축원해주고 싶었다.

문득, 내가 저 헌 가구보다 더 나은 것이 무엇일까 하는 생각이 든다. 헌 가구는 밖에 내놓으면 저리도 곱게 다듬어서 다시 쓰지만, 고집과 욕심만 가득한 나는 그 누가 거두어 갈까. 내일의 인생을 살려면 마음에 두고 버리는 일부터 해야 할 것 같았다.

헌 가구가 새로 단장하듯이 나도 그렇게 산뜻한 노년을 맞고 싶다. 항상 새로운 모습으로 단장하며 사랑하고 사랑받는 향기로운 삶을 살고 싶다.

회상回想

길은 많아도 가는 길은 하나이다. 어느새 내 인생의 출발점은 까마득히 멀어져서 보이지 않고 지나온 삶의 기억들만 차곡차곡 쌓였다. 나는 오늘도 그 길을 돌아보며 그리움에 젖는다.

내가 산책을 나서는 길만 해도 그렇다. 아파트 거실에서도 보이는 산은 시간 반 남짓이면 정상까지 오를 수 있는 거리다. 그 산을 향해 걸음을 시작할 때면 여러 길 중에서 하나를 선택하여야 한다. 그 중에 내가 자주 걷는 두 길은 현대화된 도심을 지나는 길과 옛 모습이 그림자처럼 남아있는 허름한 동네길이다. 그 두 길 중에서도 나는 옛 그림자가 드리워진 허름한 길을 걸으며 추억을 더듬는다.

하나의 길은 큰길과 현대적인 건물들이 밀집된 도심을 지나서

산으로 이어진다. 그 길목에 유명한 백화점과 대형마트를 만나게 되고 항상 많은 사람과 차량으로 혼잡하다. 주변의 화려한 간판과 질 좋아 보이는 온갖 상품들이 삶의 풍요를 말해준다. 군부대가 이전한 자리에 들어선 새 아파트는 깔끔한 도로와 조경으로 단장되었고 단지 안의 분위기는 조용해서 여기가 도시의 한가운데라는 사실을 잊게 한다. 쌍둥이처럼 올망졸망 닮은 건물들은 현대의 미적 감각은 돋보이나 개성을 찾기는 어렵다. 미끈한 건축물의 도도함, 수직의 단단한 고층 벽과 쉽게 열리지 않는 아파트의 문이 이웃 간의 정을 점점 멀어지게 한다. 그러나 쉽게 깰 수 없는 그 콘크리트 벽의 틈새로도 훈훈한 인정의 싹은 자라고 있을 것이다. 현대적인 분위기의 이 길은 아직 낯설다. 그러나 언제인가 지금을 사는 사람들에 그리움이 밴 낡은 추억의 길이 될 것이다.

또 하나의 길은 어린 시절 동네 모습을 연상케 하는 도심의 허름한 뒷길이다. 은행나무 가로수 아래 주차한 자동차들이 차지하고 남은 길은 차 한 대가 지나가기에도 비좁다. 만약 이 길에 자동차도 없고 보도블록도 깔리지 않았다면 6, 70년대의 추억을 떠올리기에 알맞을 것이다. 기름 집 부근을 지나려면 고소한 참기름 냄새가 진동한다. 그 냄새에 기름을 짜고 남은 참깻묵을 먹던 배고픈 시절의 기억이 떠오른다. 저녁 무렵에 그 앞을 지나려니 할머니가 손자를 등에 업고 홍두깨로 칼국수를 밀고 있었다. 예전에 우리 집에서 쓰던 둥글고 긴 홍두깨로 두리반만한 칼국수 반죽을 미는 할머니에게서 생전의 어머니 모습이 어른거려 그리움에 흠뻑 젖고 말았다. 손바닥만한 마당이 들여다 보이는 낡은 기와집 블록담장에는 낮은 처마 사이로 탐스럽게 익은 석류가 빨간 미소를 보낸다. 고철과 폐지 등이 너절하게 쌓인 고물상으로 허리가 잔뜩 굽은 노인이 헌 종이상자를 얼기설기 실은 낡은 손수레를 힘겹게 끌고 들어간다. 푯대같이 세운 대나무 끝에 붉고 흰 기가 하늘 높이 걸린 옆집은 칠성 보살이란 간판이 선명하다. 사람들은 그 보살의 힘을 빌려 한숨과 고달픈 인생을 접고 평안과 희망의 운명이 되기를 정성껏 빌 것이다. 가로수 그늘에 더는 쪼그라질 것도 없이 바짝 늙은 할머니가 지나온 세월을 되씹듯 연방 입을 오물거린다. 헌 자전거포 한쪽에 고물이 다 된 재활용선풍기가 올 것 같지 않은 손님을 기다리고 낡은 녹음기에서는 해묵은 유행가가 구성지게 골목을 들썩이고 있었다. 보이는 모두가 그리운 옛것을 닮았다. 이 길에 들어서면 추억의 그리움에 가슴 저리고 돌담 너머로 주고받던 정다운 인심이 생각난다.

언제부터인가, 이 길에도 재개발을 추진하는 현수막이 깃발처럼 펄럭이고 있었다. 모진 세월 온갖 풍상에 낡고 닳은 이 동네를 밀어내고 현대식 건물로 바꾸려는 것이다. 낡은 것이 새것에 밀려나는 것은 정한 이치이다. 이곳 사람들에게 재개발은 낡은 옷을 벗고 현대적인 주거생활로 발전하는 염원일지도 모른다. 그 변화의 파도에 추억의 길은 쓸려가고 또, 새로운 그리움을 남기게 될 것이다. 지난 삶의 자투리 같은 그 회상의 흔적마저 사라지는 날, 나는 어느 길을 걸어서 산을 갈까. 세상 어느 것도 영원하지 못함을 모르는 바는 아니다. 다만, 내 추억마저 기억에서 사라질까 두려울 따름이다. 그래서 뒤돌아보며 그리워하고, 묵은 정을 씹으며 식어가는 가슴을 덥히는 되새김질을 계속하는 것이다. 내게 그 정마저 없다면 인생을 무슨 맛으로 살겠는가.

지나간 달력을 뜯으며

세월이 허물처럼 남기고 간 달력을 뜯어낼 때면 공연히 마음은 허전하고 서글퍼진다. 해마다 그렇듯, 지난 12월에도 마지막 한 장의 달력이 덩그러니 남아 있었다. 연말이 되면 괜한 마음이 이토록 허허한데 누가 속도 없이 열흘이나 더 남은 마지막 달력 위에 새해 달력을 보란 듯이 걸어 놓았다. 제아무리 새것이 좋다 한들 흘러가는 세월까지도 좋을까. 덧없이 흐르는 세월에 메마른 가슴이 이리도 시린데…….

그 마지막 달력 위에 눈치도 없이 넙죽 걸려 있던 새해 달력도 어느새 1월의 중순을 넘어가고 있다. 어– 허허! 너무도 빨리 달아나는 세월에 헛웃음만 나오는구나. 머지않아 새 달력의 첫 장을 떼어낼 때에는 그 마음을 무엇으로 위무할 것인가. 어느덧 내가 다달이 떼어낸 달력이 칠백하고도 스무 장이나 된다. 그

숫자면 소설을 써도 세 권의 장편은 충분할 것이다. 그 세월에 나는 무엇을 하며 살아왔을까? 덧없는 세월, 지나간 삶이 남긴 것은 아쉬움과 후회요, 는 것은 가년스레 굵어진 나이테와 짐만 되는 체중뿐이다.

사람의 수명은 갈수록 늘어나는데, 늙는 일이나 직업연령은 과거와 달라진 것이 별로 없다. 불과 얼마 전만 해도 환갑을 성대하게 치르는 것이 우리의 전통적인 풍습이었다. 사실 환갑잔치의 속내를 뒤집어보면 뒷방 늙은이로 물러나는 은퇴식이며 살 만큼 살았다는 의미가 아닌가. 요즘은 노인 축에도 들지 못하는 그 환갑을 소문낼 시대가 아니다. 그만큼 건강하게 긴 수명을 누리고 있다는 긍정적인 변화로 고맙게도 젊어진 환갑이 노년의 시점을 한참은 뒤로 밀어놓았다. 그러나 길어진 일생의 한편으로는 짧은 사회활동 기간에 노년을 위한 더 많은 준비가 필요하다는 의미가 담겨 있다.

우리 동네 육교 밑에는 노인을 위한 게이트볼 코트와 간단한 운동기구들이 설치되어 있다. 그 주변에 놓인 들마루에는 항상 수십 명의 노인이 한겨울에도 장작불을 피워놓고 화투도 치고 술잔도 기울이며 여가를 보낸다. 그 모습이 갈 곳 없고 할 일이 없는 실업자이기도 하고 어느 땐 쌈박질 좋아하는 어린애를 닮았다. 위엄과 존경의 노인은 간데없고 치열한 생존의 현장에서 벗어난 무기력함을 느끼게 한다. 그래도 게이트볼을 한다거나 운동기구에 매달린 노인들은 한층 고상하고 품위가 있어 보인다. 그분들의 면면을 들여다보면 아직 팔팔한 젊은 노인들이 대부분이다. 아마, 가슴속에서는 무엇인가 하고 싶은 욕망이 젊은 시절과 다름없이 활활 타고 있을 것이다. 그러나 여의치 못한 현실이 그들을 이곳에 모이게 했을 것이다. 그 중에는 사람이 그리워서 이곳을 찾는 사람도 있을 것이다. 제 역할이 없는 가정에서 스스로 밀려난 외로움과 그늘이 느껴지기도 한다. 머지않아 나도 저런 노년을 맞이해야 한다면 그 얼마나 서글픈 일인가.

어느 날 가까운 벗과 술잔을 나누며 요즈음 세상 살아가는 얘기를 화제에 올렸다. 지나간 삶이란 되새기면 되새길수록 언제나 아쉽고 후회되는 일만 생각나게 마련이다. 삶은 내 가슴에 마른 우물처럼 채울 수 없는 공간을 만들어 놓았다. 지난 세월을 더듬어가며 나누던 대화가 현실의 문제로 돌아서자 갑자기 허전하고 부족함에 안타까워진다. 남은 세월은 어떻게 사는 것이 행복할까 하는 현실적인 해답을 얻고 싶다. 그야 두말할 필요도 없이 내가 하고 싶은 일을 할 수 있어야 한다. 다만, 그 조건을 충족시킬 구체적인 무엇을 찾지 못해서 안달할 따름이다. 가끔 내가 방황하는 까닭도 거기에 있을 것이다.

나의 젊은 날은 노년을 생각할 겨를도 없이 순식간에 지나가 버렸다. 덧없이 흘러가는 젊음을 믿고 다가올 노년의 준비에 소홀했다. 인생의 황혼에 이르러 부딪칠 갈등과 어려움을 이해하려 하지 않았다. 노년일수록 더 깊고 넓은 사랑과 작은 일에도 감동하는 따뜻한 가슴이 필요하다는 사실을 남의 말로 흘려들었다. 늙어가면서도 젊어지는 비결은 마음의 풍족함에 있다는 선견을 가벼이 여겼다.

"부추 끝의 아침이슬은 어이하여 쉬이 마르는가. 이슬은 말라도 내일 아침에 다시 내리지만 사람은 한 번 가면 언제 돌아오려나."

해로가의 한 대목이다. 인생이란 부추 끝에 맺힌 한 방울 아침이슬과 같도다. 아침 햇살에 빛나는 그 영롱한 이슬이 영원할 줄 알았더니 어느 순간에 흔적도 없이 사라지는 것이 인생이구나. 하물며 보석 같은 젊음이야 얼마나 쉬이 지나갈까.

젊은이여! 한 장의 달력이 떨어짐을 아쉬워할 날이 그리 멀리 있는 것은 아니다. 단 한 번의 인생, 이 귀한 세월을 어이 촌각인들 헛되이 보낼쏜가.

이유 있는 침묵

노인들은 약속이나 한 듯 말이 없고 밥 먹는 소리와 간간이 의자 끄는 소리만 들리는 침묵 속의 아침 식사였다. 나는 차라리 시끌벅적한 여느 대중음식점의 소란한 분위기가 더 그리워졌다.

우리 남매들이 장수마을에 들어온 것은 어제 오후였다. 노인 복지시설인 장수마을은 현대식 건물에 객실과 식당, 그리고 각종 오락시설을 갖추고 있었다. 대전시내의 변두리 외돌아진 곳에 조용하고 경치 또한 수려하다. 유등천을 사이에 두고 맞은편에는 여러 성씨의 유래와 조형물이 세워진 뿌리공원이 있다. 객실에서도 계곡의 우거진 숲과 냇물이 한눈에 들어온다. 수중보에서는 연인들을 태운 오리 배가 유유히 떠있고 깔끔하게 손질된 넓은 잔디밭에 둘러앉은 사람들의 모습은 평화스럽고 정겹다. 뿌리 공원을 연결하는 긴 다리를 오가는 사람들이 끝없이 이어진다. 나무숲에 들어서면 시원한 그늘에 청량한 개울바람이 더운 가슴을 쓸어주고 정다운 사람들과 연인들의 사랑이 숨쉬는 계곡은 사람의 향기로 가득하다. 피할 수 없는 세월에 어느새 연로하신 우리 형제 · 자매가 오늘 하루 동안 여기에 머물면서 그 동안 밀린 회포를 풀기로 한 것이다.

장수마을의 낮과 밤은 서로 다른 두 얼굴이었다. 해가 진 계곡에 외등이 밝혀지면서 낮의 그 활기찬 모습은 모두 사라지고 어둠과 적막이 밤의 세상을 지배했다. 이곳에는 하루를 머무는 사람도 있지만, 장기간 투숙하는 노인들도 꽤 많은 것 같았다. 그러나 해가 지면서 주변과 그 큰 건물은 어둠과 침묵에 휩싸였다. 현관 로비에는 관리인이 외롭게 사무실을 지키고 있을 뿐 외부로 통하는 문들은 출입문만 남기고 모두 잠겼다. 안내문에는 아직 노래방이 운영될 시간이지만 사용하는 사람이 없어서인지 일찍 문이 닫혔다. 그 많은 사람들로 북적이던 공원은 희미한 가로등만 불을 밝히고, 뒷산 쪽으로 난 객실복도의 등이 꺼지자 방문을 분간할 수 없는 짙은 어둠이 건물을 뒤덮었다. 아마, 우리 남매들의 웃음소리마저 없었다면 이곳의 초저녁은 인적 없는 깊은 산중의 한밤중과 다름없었을 것이다.

노인들은 식당 입구에 줄을 서서 아침식사를 기다리고 있었다. 식단은 국에 서너 가지의 반찬으로 아주 조촐했다. 어제 저녁에는 기척도 없이 조용하던 이 건물에 꽤 많은 노인이 투숙한 것 같았다. 하나 둘 식당으로 모여든 노인들이 수십 명은 되어 보였다. 그러나 즐거워야 할 아침식사는 무거운 분위기에 그 누구도 말이 없다. 그저 먹는 일 외에는 즐거울 일이 없는 것만 같았다.

그 침묵이 걷히고 햇살처럼 밝은 기운이 돌기 시작한 것은 아침 나절이 지나가기 전이었다. 시내에서 들어오는 노인들이 하나 둘 모여들고 뿌리공원을 찾는 사람들로 밖이 소란해지기 시작하면서부터였다. 토요일이어서인지 공원을 찾는 사람들은 어제보다도 더 늘었고 점심때가 되자 식당을 찾는 사람으로 붐볐다. 노인과 젊은이, 학생과 어린아이 등 많은 사람이 넓은 식당을 가득 채웠다. 주변이 시끌벅적해지고 어린 아기가 이리저리 뛰어놀며 아침까지의 그 무거웠던 분위기는 흔적도 없이 사라지고 사람의 활기로 가득했다. 그늘진 얼굴로 아침식사를 하던 노인들의 얼굴에도 밝은 기운이 봄볕처럼 찾아들고 있었다. 이 식당을 지배하던 어둡고 무거운 침묵은 자취도 없이 달아나버린 것이다.

밝은 세상, 행복한 삶은 사람과 사람이 서로 조화를 이루며 사는 아름다움이다. 제 각각의 향기를 지닌 유년과 소년과 청년과 노년의 삶들이 서로 어우러져 사랑과 행복을 만드는 것이다. 우리가 꾸리고 싶어하는 단란한 가정, 사랑의 가족이란 의미는 과연 무엇인가. 노인이 소외된 가정은 완전할 수도 행복할 수도 없을 것이다. 어젯밤 쓸쓸한 노인들만의 세상에 드리워진 그 그늘은 너무도 당연한 것이 아니었을까. 나는 장수마을에 흐르던 그 침묵의 의미를 모든 사람이 가슴으로 받아들이기를 권하고 싶었다.

모텔 삼국지三國地

전주시내에 있는 우석회관 고층에서 시내 야경을 내려다보면, 유서 깊은 도시의 모습은 어둠에 묻히고 밤을 밝히는 불빛만 찬란하다. 그 불빛 속에서 반짝이는 삼국시대 세 나라 이름의 네온간판이 유난히 눈길을 끌었다.

'신라의 달밤', '백제의 성', '고구려후예'.

마치 소설제목과 같은 그 간판들의 정체가 몹시도 궁금했다. 어느 날 일부러 찾아간 그곳은 버스터미널 부근의 모텔촌이었다. 모텔촌 한편에 비슷한 규모의 세 건물이 서로 등을 맞대고 앉아있었다. 대강 짐작은 했으나 막상 모텔이라는 사실을 확인하고는 슬그머니 웃음이 나왔다. '신라'에 '달밤'을 붙이니 현인의 노래와 같은 낭만과 추억이 배어나고, '백제'의 '성'에서는 서동과 선화공주의 로맨스가 떠오르고, '고구려의 후예'는 위대한 정복자와 강인한 남성상을 연상하게 한다. 그 상상의 의미가 제법 그럴 듯하고 특징이 있을 뿐만 아니라 모텔 이름으로는 기억하기도 쉽고 인상적이었다. 그 위치 또한 한곳에 둘래둘래 앉아 있으니 제 나름의 조화를 이루어 사람의 눈길을 끌기에는 아주 안성맞춤이란 생각이 들었다.

모텔이 우리 사회에 자리잡은 것은 그리 오래되지 않았다. 모텔보다는 여관과 여인숙이란 명칭에 익숙해 있어서 그 뜻도 모르고 여관과 호텔의 중간 수준으로만 생각했었다. 이 기회에 그 어원과 정확한 의미가 궁금해졌다.

"자동차와 여행자가 함께 이용할 수 있는 숙박시설."

그 요약 뒤에는 이렇게 그 유래를 설명하고 있었다.

"모텔motel은 모터코트motorcourt라고도 한다. 모터motor와 호텔hotel의 합성어. 1908년 미국 애리조나주 댈러스시에 단순한 목조 집을 짓고 1박에 50센트로 유숙시킨 것이 효시"라고 친절하게 설명을 해 놨다.

언제부터인가 우리 주변에 모텔이 들어서기 시작하면서 눈에 익은 여관과 여인숙이란 간판은 남의집살이하다가 쫓겨나듯이 짧은 기간에 거의 자취를 감추었다. 모텔은 도시와 농촌, 산과 바닷가 등 장소를 가리지 않고 우후죽순처럼 늘어났다. 수요가 공급을 부추겼다면 가는 곳마다 눈에 밟히는 그 많은 모텔의 수요자는 누구일까. 요즘 모텔 하면 곧 러브모텔을 떠올리고 불륜과 퇴폐장소를 먼저 상상하지 않는가. 모텔이 터무니없이 많다는 것, 아마 그것만으로도 러브모텔이란 명예롭지 못한 굴레를 벗기가 쉽지는 않을 것 같다.

모텔에 대한 인식이 야릇하다고 해서 늘 외면만 하고 살 수도 없는 일이다. 어느 날 우리 부부가 D 시의 모임에 참석해서 모텔에서 하루를 묵게 되었다. 시내 외곽을 흐르는 강변으로 수많은 모텔이 단지를 이루고 있었다. 요즘 모텔은 하룻밤을 통째로 유숙하면 달갑지 않은 손님이라서 방 얻기가 어렵다고 한다. 하루에도 방 하나에 몇 번의 손님이 다녀간다는 말인데 그날 우리는 환영받지 못하는 손님이었을 게다. 나는 모텔에 들면서 그 규모와 시설의 호화로움에 놀랐다. 방 하나가 웬만한 아파트 넓이쯤은 되어 보였다. 목욕탕이 우리 집 안방보다도 훨씬 더 컸다. 감칠나게 부드러운 물침대, 벽에 걸린 대형TV, 인터넷이 연결된 컴퓨터 등은 기본이고 러닝머신 헬스기구까지 있었다. 비록 하룻밤일망정 그 궁전 같은 모텔 방을 점령하니 어느새 백만장자가 된 기분이었다. 아마, 다른 모텔들도 규모의 차이는 있겠지만 호화스럽기는 비슷하지 않을까 싶다. 그 시설비만도 엄청날 터인데 숙박비는 호텔보다 훨씬 저렴한 것을 보면 모텔 방 어느 구석에서 돈을 파내는 재주라도 있는 것인가. 모텔이란 여행자가 유숙하는 곳이니 그 시설이 훌륭한 것도 좋지만, 우선은 잠을 편히 잘 수 있어야 제 구실을 하는 것이다. 그런데 우리 부부는 모텔만 가면 밤을 꼬박 새우는 병이 있다. 특별히 즐거운 일이 있다거나 수면방해를 받아서가 아니다. 그렇다고 사랑놀음에 날 새는 줄도 모른다면 그 얼마나 행복할까. 알 수 없는 불편함이 마음속에 잠재해 있는 것 같았다. 그날도 우리 부부는 모텔 부적응증세로 밤새도록 뒤척이다가 숙박비만 주고 왔으니 그 궁전 같은 훌륭한 시설이 무슨 소용인가.

기억은 필요에 의해서 남는 것인지 내가 과거에 몇 군데 이용한 모텔의 이름을 기억하는 곳은 없다. 그런데 그 소설제목 같은 세 모텔 이름은 전혀 무관한 내 기억에도 자주 떠오른다. 그 모텔은 이름만으로도 여러 사람의 이목을 잡기에 일단 성공적이지 않나 싶다. 모텔도 우리 생활에 없어서는 안 될 필요한 시설이니 누구나 편리하게 사용할 수 있어야 하고 또, 업주로서는 당연히 사업성도 있어야 한다. 다만, 어느 모텔이나 온 가족이 거리낌 없이 손잡고 드나들 수 있는 그런 풍경이 보고 싶은 것이다. 역사에 나오는 그 세 나라 이름의 모텔도 이름만큼이나 유명하게 여러 사람에게 기억되는 건전한 모텔로 성공하기를 바라고 싶다. 행여나 러브모텔이 성업이면 멀쩡한 가정이 불화에 휩싸이지는 않을까, 사회적 문제로 몸살을 앓게 되지는 않을까 하는 부질없는 걱정까지 덧붙여서.

경험 그리고 이해

월요일 이른 아침이면 아내가 챙겨주는 홀아비 짐을 들고 집을 나선다. 그 안에는 내가 한 주를 사는 데 필요한 옷이며 찬거리들이 들어 있다. 우리 부부는 꽤 오랜 세월을 떨어져 살아서 이런 생활에는 비교적 익숙하다. 그래도 주말을 집에서 보낼 수 있게 되었으니 그것만으로도 과거보다 많이 나아진 셈이다.

나이를 먹는다는 것은 생활의 제약이 하나씩 더 늘어나는 것이었다. 술이 고파도 대작할 사람이 없으면 주점을 찾기가 쉽지 않다. 돈을 듬뿍 뿌릴 손님도 못 되니 누가 반길 리도 없고, 인생에 실패한 사람처럼 혼자 앉아서 처량하게 술잔을 홀짝거릴 수도 없는 일이다. 자연스럽게 방안에 혼자 벗어부치고 퍼지고 앉아서 세상에서 가장 여유롭게 술 생각을 달래는 방법을 터득했다. 그날은 퇴근 뒤에 소주 한 잔이 유달리 간절했다. 동네 마트에 들러 소주 한 병에 묵직한 햄 하나를 안줏감으로 골랐다. 햄은 내가 좋아하지도 않는 음식인데 그날은 시장이 식욕을 자극하는 바람에 그 큰 것을 서슴없이 들고나왔다. 조금 과장을 한다면 내가 한 달을 먹고도 남을 만큼 큰 덩어리였다. 거기에다 계란까지 한 줄을 샀으니 식탐 앞에 평소의 기준이 무색해지고 만 것이다.

집에 와서 냉장고에 계란을 정리하다 보니 유통기한이 2주가 남았다. 그제야 아직 확인하지 않은 햄이 생각났다. 햄은 꼭 일주일의 여유가 있었다. 그러나 내가 집에 가는 날짜를 빼고 나면 소비해야 할 기한은 3일의 여유이다. 생각으로는 먹다가 남는 것은 주말에 집에 가져가리라 마음먹고 그만 까맣게 잊어버리고 말았다.

그다음 월요일에 냉장고를 열자 잊었던 햄이 퍼뜩 떠올랐다. 유통기한이 내일로 바짝 임박해서 더는 둘 여유가 없었다. 그렇다고 멀쩡한 음식을 버린다는 것은 마음이 껍껍하고 꼭 죄를 짓는 것만 같아서 그날 저녁부터 아침저녁으로 부지런히 먹기 시작했다. 객지에서 혼자 생활하며 닦은 덕성의 하나는 음식을 남기고 버리는 것이 무척 아깝게 생각되는 것이다. 웬만하면 무리를 하더라도 음식을 남기지 않게 되었으니 어느새 나도 살림꾼이 다 된 기분이다. 수요일에는 북한과 남아공화국의 월드컵 예선경기가 벌어지는 날이었다. 거추장스러운 햄을 이 기회에 먹어치울 생각에 축구를 즐기며 소주나 한 잔을 하려고 남은 햄을 잔뜩 구웠다. 햄 덩어리가 왜 이리도 크냐고 타박도 하며 열심히 먹어댔다. 여기서 더 먹으면 냄새가 나고 뱃속에서 거부 반응이 일어날 것 같았다. 남은 햄을 냉장고에 넣으며 내일 아침에 또 먹으리라 생각했다.

요즘 뱃속이 불편하고 소화될 날이 없다. 그놈의 계륵鷄肋과 같은 햄 덩어리 탓이다. 그렇지 않아도 소화기능이 약한데다가 줄곧 며칠을 과식했으니 여간 괴롭지가 않다. 아직도 계란은 그대로 남아 있다. 먹을 복이 터졌는데 어찌하여 그 복이 괴로움일까. 내가 과식하는 놈보다 더 미련한 놈이 없다는 사실을 체험하고 있었다.

그때에 제일 먼저 떠오르는 사람이 바로 아내였다. 식구들이 먹다 남긴 음식을 꾸역꾸역 먹는 아내의 미련스러움을 늘 타박했다. 아내의 그 행동을 내가 똑같이 따라 한 것이다. 남의 허물을 탓하기는 쉬우나 이해하기는 어려운 법이다. 한 가족이 살을 맞대고 살면서도 보이지 않는 벽을 느낄 때가 있으니 이해와 배려라는 것이 말처럼 쉬운 것은 아니다. 사랑의 가정, 아름다운 사회를 이룩하려면 무엇이 필요하고 소중한 것인가를 새삼 느낀다.

내 비록 과식의 고통은 겪었을망정 조금이나마 아내의 심정을 이해하게 되었으니 그것으로 위로를 삼을까 한다.

제5부

아들의 결혼 선물
헛소리
노인과 젊은 여자
강아지 똥과 엘레지
어느 봄날의 미소
그 말 한 마디가
발맞추기
아름다움이 지고나면
갈망渴望
사기꾼들
불전함佛錢函
세월이 오가는 길목에서

아들의 결혼 선물

한 폭의 그림에도 혼이 들어 있다. 평화를 사랑하는 민족의 얼, 동해를 수호하는 독도의 혼이 살아 있다.

몇 해 전 광주에서 근무할 때다. 독도를 주제로 하는 그림전시회가 있었다. 그 지방 화가들이 독도에 가서 가슴으로 그린 작품들이었다. 시민의 호응도 대단히 높았다. 내가 그 전시회에 관심을 두게 된 것은 독도라는 그 주제 때문이었다. 우리의 섬, 독도가 화가들의 정성스러운 붓끝으로 너른 동해 한가운데에 의연하게 서 있었다. 동해의 맑고 푸른 물결이 넘실거렸다. 하늘을 나는 평화로운 갈매기의 울음소리와 고기를 잡는 어부들의 희망에 노래가 들려왔다. 오랜 질곡의 세월에도 독도를 사랑하고 지켜온 선조의 숨결이 느껴졌다. 화가들이 한결같은 마음으로 한 폭의 그림에 독도의 혼을 모두 담아왔던 것이다.

나는 난생 처음으로 그림 한 점을 사기로 했다. 큰돈은 아니었지만, 월급쟁이가 선뜻 그림을 산다는 것은 결코 쉬운 일이 아니다. 그러나 독도의 혼이 담긴 그림 한 점을 꼭 갖고 싶었다. 그래서 우리 집에도 독도 그림이 걸리게 되었고, 나는 그 그림 속의 독도에서 동해를 바라보며 살게 되었다. 항상 너른 동해를 굽어보며 우리의 섬과 바다를 넘보는 이웃을 마음으로 경계하게 된 것이다. 동해의 푸른 물결과 힘찬 파도소리를 듣고, 수평선을 차고 오르는 붉은 태양을 상상하며 조국이라는 존재를 생각했다. 길고 긴 세월 독도를 지켜온 선조들의 얼을 가슴에 새겼다. 한 점 그림 속의 독도는 언제나 변함없이 우리는 하나임을 자랑스럽게 말하는 것 같았다.

평화를 사랑하는 선조는 숱한 외세의 침략에 대항하며 우리나라를 지켜왔지만 남의 나라를 침략하지는 않았다. 항상 평화를 지향하며 끈기와 지혜로 오천 년의 긴 역사를 이루고 고유의 아름다운 문화를 창조해왔다. 그런 우리 삶의 터전에 항상 평화를 깨뜨리고 피와 눈물로 얼룩진 역사를 쓰게 한 나라는 어디였는가. 그들이 바로 가장 가까운 이웃나라들이었다. 그리고 그 탐욕은 지금도 여전히 변함없다는 사실이 우리를 분노하게 한다. 바로 일본의 부정적인 역사관과 독도영유권 주장의 억지가 그 하나이다. 자국의 이익만을 앞세우며 진실을 부정하는 염치없고 추한 이웃에 대한민국이 분노하는 것이다.

우리는 좋은 이웃과 더불어 평화롭고 행복한 삶을 살고 싶다. 지난날 일본이 우리에게 안겨준 엄청난 시련과 고통을 어찌 잊을 수가 있겠는가. 그렇다고 과거의 감정에 얽매여서 이웃나라의 잘못된 행태만을 비난하고 싶지는 않다. 오로지 좋은 미래를 위하여 용서하려 할 따름이다. 그러나 그런 우리의 희망도 일방적인 짝사랑에 불과한 것 같다. 일제 강점기의 수탈과 비인도적인 만행을 반성하기는커녕, 오히려 그것을 정당화하고 합리화시키려 한다. 지금 일본은 그 시대의 일방적인 자국에 기록을 들이대며 수천 년을 영유한 우리의 독도를 자기네 땅이라고 주장하고 있다. 나는 일본의 억지 논리에 세계인이 침묵하고 동조할 수도 있다는 우려가 더욱 가슴 아프다. 그러나 진실은 반드시 이기는 법이다. 이럴 때일수록 온 국민의 독도사랑과 그를 지키려는 확고한 정신이 더욱 중요하다. 그리고 세계에 널리 그 진실을 알리는 노력이 필요하다. 그것이 곧 정의가 승리하는 길이요, 그들이 마음을 바로 먹고 좋은 이웃으로 함께 살게 하는 길일 것이다.

큰 아들은 군인이 되기를 희망했다. 내가 그 길의 어려움을 너무나 잘 알고 있기에 일시적인 감정은 아닐까 걱정이 되었다. 그러나 일 년간의 최전방 소대장을 경험하고서도 그 소신은 변함이 없었고 결국 그 길을 택했다. 그 아들이 결혼하게 되었다. 나는 결혼하는 아들에게 평생 의미 있는 그 무엇을 하나 주고 싶었다. 아직은 젊은이들의 가슴에 조국의 얼을 심어야 할 빈자리가 많을 것이라는 생각이 들었다. 그래서 나는 독도의 혼을 주기로 했다. 집에 걸린 독도 그림을 아들 내외에게 결혼선물로 주었다. 어차피 내일의 이 나라는 그들의 시대가 아닌가. 그 뒤

아들은 벌써 여러 번의 이사를 했다. 잦은 이사를 하다 보면 때로는 그림 한 폭도 짐이 될 수가 있다. 그러나 아들네 집에 가면 그 그림은 항상 거실의 한가운데에 걸려 있었다. 그때마다 한 폭의 그림에 담긴 독도의 의미가 아주 소중하게 생각되었다. 그렇게 독도와 함께 사노라면 반드시 그 혼이 후손들의 가슴에 면면이 이어질 것이다. 그리고 아들 내외와 또, 그 자식들도 동해의 파도소리와 독도갈매기의 울음소리를 듣게 되리라 생각한다. 아마, 그것보다 더 강한 독도를 지키는 힘은 없을 것이다. 나는 지금도 아들의 집에 걸려 있는 독도 그림에서 동해의 파도소리와 갈매기의 울음소리를 듣는다.

우리는 진정으로 좋은 이웃과 함께 하기를 원한다. 그것이 곧 세상 사람들이 갈망하는 평화가 아닌가. 그래서 우리의 이웃나라가 욕심을 버리고 진실하고 좋은 이웃이 되기를 간절하게 바라는 것이다. 그런 희망을 실현하기 위해서 무엇이 중요한 것인가를 우리는 잘 알고 있다. 내 것을 지키고 보전하는 확고한 정신과 힘, 그것을 소홀히 여기거나 잃어버린 민족은 이미, 이 세상에 존재하지 않는다. 그래서 독도의 혼을 담은 한 폭의 그림이 더욱 소중하게 생각되는 것이다.

(『독도 33인의 메아리』 한글판, 영문판. 독도사랑협의회)

헛소리

요즘 세상에 고무신 신을 사람은 많은데 고무신이 귀하다. 이 무슨 정신나간 헛소리인가, 소요所要는 있는데 수요需要가 없다니. 허기야, 21세기 첨단유행의 시대에 볼품없는 고무신 찾을 사람이 있을 것 같지는 않다. 그러나 곰곰이 생각해보면 일방적인 헛소리로 치부하기에는 좀 맹랑하다는 생각이 든다.

신발세대로 친다면 나는 고무신세대다. 내 어린 시절에는 짚신이나 나막신도 있었고 일본강점기의 산물인 게다를 슬리퍼 대용으로 신기도 했다. 그러나 활동하기에 편리한 고무신이 일상의 신발이었다. 지금은 거들떠보지도 않을 고무신이지만, 그도 풍족하지 못한 시대가 있었다. 선거 때에 출마한 후보가 유권자들에게 고무신을 뇌물로 쓰는 바람에 고무신짝선거라는 말도 생겨났으니 그만큼 가치 있고 귀하던 시절이 있었다.

남자 고무신은 흑백의 두 종류에 앞부분이 동글 넓적하고 밋밋한 모양이었다. 어른들은 주로 흰 고무신을 아이들은 검정 고무신을 신었다. 하얀 한복을 차려입고 흰 버선발에 흰 고무신을 신고 나들이 나서는 어른을 보면 마치 학처럼 깨끗하게 느껴졌다. 아이들은 검정 고무신 한 켤레를 때우고 기워가며 더는 신을 수 없는 지경이 될 때까지 신었다. 그 검정 고무신을 아끼려고 손에 들고 맨발로 걸어다녔다면, 지금의 우리 자식들은 보릿고개에 라면이라도 끓여 먹지 왜 굶었느냐는 시대감각으로 받아들일 것이다. 지금은 구경하기도 쉽지 않은 검정고무신은 어린 시절 내 두 발을 건사해준 추억이 담긴 신발이다.

여자고무신은 남자고무신보다 색깔과 모양새가 아주 예쁘고 다양했다. 귀엽게 톡 튀어나온 앞 코에 여인의 몸매를 닮아 갸름하고 예쁘장하다. 알록달록한 꽃무늬, 옥색과 흰 고무신, 그보다는 격이 낮은 검정 고무신도 있었다.

"세모시 옥색 치마 금박 물린 저 댕기가 창공을 차고 올라 구름 속에 나부낀다……."

김말봉의 시에 금수현 곡인 가곡 「그네」를 듣고 있노라면, 어느새 선녀같이 아름다운 여인이 창공을 차고 오를 때마다 치마 끝에 살짝 드러나는 옥색 고무신이 눈에 보일 듯 선하다.

요즘은 신발도 유행을 타고 질 좋고 멋진 제품들이 다양하게 쏟아져나온다. 기존의 것을 밀어내는 변화는 신발이라고 예외일 수 없다. 훌륭한 품질과 산뜻하게 디자인된 운동화와 구두에 밀려난 고무신은 이제 거의 자취를 감추어간다.

올해가 쌍춘년雙春年이어서 결혼을 하면 아주 좋은 해라고 한다. 그것이 비록 근거 없는 속설이라고는 하지만, 어찌 인간이 길흉화복吉凶禍福의 문제를 쉽게 지나칠 수가 있을까. 세상은 몇 년 동안에 치를 혼인을 올 한 해 모두 해치울 듯이 야단법석이다. 휴일만 되면 결혼청첩장이 몇 건씩 겹쳐 날아온다. 이러다가 내년에는 예식장이 개점휴업을 하지 않을까 싶다. 자료에 의하면 2005년 한 해에 31만 6천여 쌍이 결혼을 했고 12만 8천 쌍이 이혼을 했다고 한다. 그 중에는 황혼이혼이 급증해서 작년에만도 50대 이상의 이혼도 전체 이혼의 10%가 된다고 하니 이러다가 백년해로란 말은 전설의 고향에서나 듣게 되지 않을까 걱정이다. 이혼이 인생에 주홍글씨처럼 인식되던 시대는 이미 지나갔고 자신의 행복을 찾는 길이라면 남의 이목에 구애받지 않는 자유로운 세상이 되었다.

속된 말로 여자의 변심을 일컬어 고무신을 거꾸로 신는다고 빗댄다. 청년이 군대에 간 사이에 변심한 애인을 풍자한 것에서 비롯되었으나 부부의 이혼도 고무신을 거꾸로 신는 것은 분명하다. 요즘 세상에 고무신 거꾸로 신는 이혼인구가 점점 늘고 있으니 고무신 수요도 당연히 늘어야 한다. 그러나 고무신 공장이 예전 같지 않으니 헛소리가 나올 수밖에.

"슬플 때나 기쁠 때나 즐거울 때나 괴로울 때나 변함없이 사랑하며 평생을 함께하겠노라."

행복했던 결혼식의 그 맹세를 어느새 잊었는가. 정이란, 미운

정 고운 정 온갖 정이 다 들어서 세월에 곰삭은 묵은 정보다 더 깊은 정은 세상에 없다. 내가 보잘것없는 검정 고무신을 잊지 못해 그리워하는 것도 그런 정 때문이 아니겠는가.

요즘 세상에 고무신이 귀해진 까닭은 설령 고무신을 거꾸로 신을 만한 일이 있다 해도 한 번 더 참고 신중하라는 깊은 뜻은 아닐까.

노인과 젊은 여자

읍내 버스터미널에 싸움이 났다. 마침 버스 출발 시간이 남아서 무료하던 참에 옳거니 하고 그 틈으로 끼어들었다. 제 감정을 다스리지 못하고 싸우는 추한 모습이나 그것을 즐기는 내 모습이나 결코 바람직한 인간상은 아니다. 그러나 백주白晝에 그것도 공공장소에서 일어난 싸움을 옆에 두고 외면하는 것도 도리는 아닐 것 같았다. 우선 홀씨처럼 날리는 풍문과 싸우는 당사자의 비명 같은 외침들을 주워 모아서 사태의 윤곽을 추리하기 시작했다. 그런데 싸우는 상대가 재미보다는 오히려 씁쓸한 맛을 던져주고 있었다.

직장에서 비상금 같은 나만의 휴가를 하루 얻은 날이었다. 가을바다가 눈에 삼삼해서 아침 일찍 고창으로 가는 버스에 올랐다. 읍내에서 갯가로 연결되는 대중교통수단이 제철이 지나서인지 마땅치가 않았다. 바다를 포기하고 가까운 무장읍성茂長邑城에 올라 맑고 탁 트인 시야에 가슴을 시원하게 풀고 선운사로 발길을 돌렸다. 우리 산천은 언제 봐도 정겹고 아름답다. 한창 나락을 거두는 너른 들녘과 붉게 익은 감이 가을 정취를 물씬 풍긴다. 선운사의 명물인 상사화는 이미 오래 전에 져서 흔적도 없고, 도솔산의 무성한 삼림은 시름시름 가을 병을 앓고 있었다. 웅장한 고찰의 자애로운 기운에 어지러운 마음을 달래고 맑은 물 한 모금으로 가슴에 묵은 때를 씻어본다. 어느덧 계절은 가을을 지나가고 스쳐가는 바람이 떨어진 낙엽 같은 내 마음을 다독이고 간다. 색 바랜 숲속으로 가을 햇살이 보석처럼 반짝이는 도솔산을 벗어나 일찍 귀가할 생각으로 다시 읍내로 나왔다. 버스터미널을 들어서다가 찻집 여인의 가을 같은 미소에 끌려 커피 한 잔을 주문했다. 아직 버스가 떠나려면 여유가 있다. 나는 구수한 커피 향을 즐기며 한적한 대합실 한구석을 지키고 있었다.

그때 경찰차가 경광등을 뻔쩍이며 대합실 입구에 섰다. 젊은 남녀 경찰관이 대합실 끝에 기역 자로 난 통로를 따라 버스승강장 쪽으로 부지런히 걸어간다. 그냥 순찰을 나온 평범한 걸음걸이는 아닌 듯하다. 나는 호기심에 그 뒤를 슬금슬금 따라갔다. 상가들이 길게 늘어선 어느 가게 앞에는 사람들이 빙 둘러 서 있고,

"내가 도둑년이에요? 할아버지, 내가 도둑년이냐 구~요~."

감정이 격해진 젊은 여인의 반 울음 섞인 고함으로 주위가

온통 소란스럽다. 이거 싸움이 났구나. 싸움판이란 애, 어른 따로 없이 호기심을 자극하는 구경거리다. 어느새 겹겹이 울타리를 치듯 둘러선 사람들 틈으로 슬그머니 끼어들었다. 이미 경찰관들은 싸움판 한가운데에 심판관처럼 서 있었다. 가게 앞의 간이의자에는 칠순은 넘어 뵈는 시골노인 서넛이 앉아있고 그 앞에서 다부진 인상의 젊은 여자가 분을 참지 못해 고래고래 목소리를 높인다. 여자경찰은 흥분한 그를 진정시키느라 애를 먹고 있었다. 노인 중에서 제일 끝에 앉아있는 분이 이 싸움의 당사자 같았다. 노인의 얼굴에는 곤혹스러운 표정이 완연한데 경찰관의 질문에 대답도 제대로 못 하는 것이 겁을 잔뜩 집어먹은 것 같았다. 동네싸움이란 막상막하의 기세로 엎치락뒤치락해야 재미가 있는 법인데 이 싸움은 너무 일방적이란 느낌이 들었다. 내가 도둑년이냐고 은근히 구경꾼들의 동정을 구하는 젊은 여인의 고성만이 싸움 분위기를 이끌고 있었다.

사건의 발단은 애들 싸움만큼이나 객적은 오해에서 비롯된 것 같았다. 젊은 여자가 지인으로부터 오토바이를 빌렸다고 한다. 남의 오토바이를 훔쳐가는 것으로 오인한 노인은 젊은 여인의 해명에도 충분히 이해가 되지 않았던 것 같았다. 계속 도둑으로 몰아가는 노인의 처사에 옥신각신하다가 감정이 격해진 여자가 노인에게 가벼운 폭력까지 휘두른 모양이었다. 오토바이 주인이 현장에 나와서 빌려준 사실을 시인했으니 분명히 도둑과는 거리가 먼 것 같았다. 양측 주장을 들은 경찰은 당사자들을 모두 지구대로 연행해가고 버스터미널은 다시 평온으로 돌아왔다.

세상은 빠르게 변하고 세대 간의 의식 차이는 더욱 깊고 크게 벌어져간다. 누구나 나이가 들면 어른대접 받기를 원하지만, 노령인구가 급격하게 늘어가는 요즘 노인이 노인으로 살기에는 점점 더 어려워지는 세상이다. 연로한 노인과 그의 딸보다도 더 젊은 여인과의 싸움은 곧 오늘을 사는 우리의 모습이란 생각이 들었다. 심신이 쇠약해지고 시대감각에 어두운 노인을 이해하고 받아들일 수 있는 너그러운 세상이 더욱 아쉬워진다. 어쩌면 그 젊은 여자의 모습이 송곳같이 예리해져가는 현대인의 날카로운 감정은 아닐까.

이웃을 사랑하며 즐겁게 살아도 남길 것 없는 우리의 인생이다. 남을 배려하고 이해하는 아름다운 인심은 목이 마른데, 자연이 베풀어준 가을 들녘은 풍성하고 넉넉하기만 하다.

강아지 똥과 엘레지

거리를 나서면 과연 여기가 우리 땅인가 하는 의심이 들 때가 있다. 곳곳에 뜻을 알 수 없는 외래어 간판들이 널브러져 있고, 우리말이 국적을 알 수 없게 변해가기 때문이다.

간판이 홍수를 이루는 시대이다. 고급화된 간판들은 색깔과 글씨 모양이 아주 예쁘고 화려해서 오가는 사람의 눈길을 끌기에 모자람이 없다. 내가 운동하는 헬스클럽의 명칭은 BMW이다. 나는 그 영문 약자의 의미도 모른 채 그곳에서 운동한다. 헬스장의 러닝머신에 올라서면 도로와 주변 상점의 간판이 한눈에 주르르 들어온다. 도시의 외곽이지만 음식점, 노래방, 호프집, 다과점, 병원 등등의 간판이 촘촘하다. 그 많은 간판 중에서 외래어가 들어가지 않은 순수한 우리말 상호를 찾기란 생각보다 쉽지가 않다.

그 어지러운 간판의 숲에서 유난히 눈길을 끄는 것이 하나 있었다. 그 간판이 크고 화려한 것도 아니요, 높이 걸려서 쉽게 눈에 띄는 것도 아니었다. 노란색 바탕에 '강 · 아 · 지 · 똥'이란 네 글자를 주황, 초록, 빨강, 흰색으로 각각 한 자씩 색깔을 달리한 아담하고 예쁜 상호의 간판이었다. 어느 날 운동을 마치고 집에 가는 길에 안을 들여다보니 젊은 아낙이 운영하는 조그만 어린이 옷가게다. 그 가게는 번화한 거리를 벗어나 침침한 구석의 단층건물에 있었다. 비록 가게는 작고 보잘것없으나 그 간판만은 세상 어느 것보다도 밝고 빛났다. 똥이란 자기 몸에서 배출하는 배설물임에도 기분 좋게 받아들일 것은 못 된다. 그러나 강아지 똥이란 우리말은 귀엽고 앙증맞기만 하다. 국적 없는 휘황한 간판의 혼탁한 숲속에서 오직 때묻지 않은 '강 · 아 · 지 · 똥'은 새하얀 모시옷에 순수한 토종의 모습으로 의연히 앉아 있었다.

유명한 이미자 가수의 노래는 오랜 세월 사람들의 심금을 울리며 사랑을 받아왔다. 아마, 그녀의 노래 한두 곡쯤 못 부르는 사람은 없을 것이다. 나이가 들어도 여전한 그의 목소리는 하늘이 내려준 축복이란 생각이 든다. 지금도 그 청아한 목소리에 애수가 배어나는 구성진 노랫소리가 은근히 들리는 듯하다.

"헤~일 수 없이 수많은 밤을~ 얼마나 울었던가……."

동백 아가씨, 섬 마을 선생님 등등 수많은 그의 노래는 지금도 널리 불리운다. 세상은 그녀를 일컬어 엘레지의 여왕이라고 했다. 그만큼 훌륭한 가수에게 붙여주는 영광의 호칭이다. 그 밖에 우리가 애창하는 대중가요에도 용두산 엘레지, 해운대 엘레지, 황혼의 엘레지 등 엘레지가 한자리를 차지하고 있다. 그런데 이 엘레지란 말의 뜻을 낱낱이 파헤쳐보면 뜻밖에 아주 재미있는 의미를 발견할 수가 있다.

엘레지Elegy는 그리스어에서 유래한 비가悲歌, 애가哀歌, 슬픔의 시 또는, 슬픔을 나타내는 악곡이란 뜻이다. 훌륭한 가수에게 붙여준 여왕의 호칭이나 노래의 제목들은 바로 그런 의미로 쓰인 것이다. 그리고 엘레지라는 식물이 있다. 우리나라와 일본의 고산지대에 분포되어 있는 타원형 잎으로 녹색 바탕에 자주색 무늬를 띠는 백합과의 다년생식물이다. 또, 순수한 우리말인 엘레지가 있다. 그 뜻이 '개 자지'이다. 조상이 즐겨 쓰던 말이 지금은 사장되어서 우리에게는 낯이 설다. 이처럼 엘레지는 외래어와 순수한 우리말이 서로 뒤엉켜서 사용되는 동성어同聲語이다.

'엘레지의 여왕'이나 '황혼의 엘레지,' '해운대 엘레지' 등의 노랫말은 우리말에 비가悲歌라는 의미의 외래어를 혼용한 것이다. 만약에 시대를 거슬러 올라가서 엘레지란 외래어를 모르는 우리 조상이 그 말을 들었다면 어떠한 의미로 받아들일까 궁금하다.

어느 음악회의 사회자가,

"이번에 보내드릴 곡목은 황혼의~엘레지~."

라고 신나게 노래 곡목을 소개한다면 아마, 이 말을 듣고 있던 상투 틀고 갓 쓴 선비가 깜짝 놀라서 자리를 박차고 일어나,

"뭣이! 황혼의 개 자지라고?"

노발대발하는 모습이 눈에 선하다.

우리 주위에는 입에 욕을 달고 사는 사람도 있다. 친해서 욕하고, 기분이 나빠서 욕하고, 이래저래 일상에 버릇처럼 욕을 상용한다. 욕하는 사람의 인품이 결코, 고상하고 아름다울 수 없다는 것을 모르지는 않을 것이다. 그렇다고 성인군자가 아닌 다음에야 이 험한 세상에 욕 한 번 하지 않고 살 수도 없는 일이다. 아마, 예전에 우리 조상은 감정이 북받쳐서 욕을 하고 싶으면,

"에이! 이 엘레지 같은 사람아."

하고 점잖게 한 마디 했을 것 같다. 똑같은 욕이지만 이 얼마나 고상하고 품위가 있어 뵈는가. 굳이 '개 X 같은 놈'이라고 거칠고 상스럽게 내뱉지 않아도 점잖게 할 욕은 다하는 셈이다.

어느 날 문우 한 분이 엘레지에 얽힌 재미있는 일화를 전해왔다. 어느 여자 분이 엘레지라는 필명을 쓰려고 하더란다. 그 말에 언뜻 내 글이 떠올라서 엘레지의 우리말 뜻을 알려주자 황당한 마음에 배꼽을 잡고 웃었단다. 여성이 엘레지를 자신을 대표할 이름으로 세상에 내놓으려 했으니 상상이 될 만도 했다. 물론, 의도는 그것이 아닐지라도 그 뜻을 모두 알고서 쓰기는 마음에 걸렸던 모양이다.

외국어를 생각 없이 받아들여 쓰다 보면 의외의 웃지 못할 현상도 생기는 것 같다. 우리가 외래어를 많이 사용하는 것은 그 이유가 없는 것은 아니다. 그러나 평범한 대화에도 영어 한 마디쯤 섞어 써야 유식하게 바라보는 우리 의식과 무관하지 않

다는 생각이 든다. 그래서 우리가 무심히 쓰는 말의 의미를 한 번쯤은 눈여겨 살펴봄직도 하다.

'강아지 똥,' '엘레지,' 우리말이 예쁘고 정겹지 않은가.

'강아지의 엘레지,' 우리말이 은유하고 고상하지 않은가.

어느 봄날의 미소

웃음이 없는 인생은 얼마나 삭막할까. 누구나 미소를 주고받으며 정이 듬뿍 묻어나는 행복하고 아름다운 삶을 살고 싶어한다.

웃음이야 그리 어렵지도 특별하지도 않은 평범한 사람의 표정이다. 이 세상에 웃지 않고 사는 사람은 없을 것이다, 그러나 어느 자료에 의하면 성인이 하루에 웃는 횟수가 평균 15회에 불과하고 심지어는 하루에 한 번을 웃지 않는 사람도 있다 하니 웃으며 사는 것이 생각처럼 쉽지 않다는 말이다. 우리의 웃음을 시기하고 훼방하는 것은 무엇인가. 고달픈 삶이 우리의 얼굴에서 웃음까지 앗아간 것은 아닐까. 그럴수록 더욱 필요한 것은 역시 웃음이다. 비록 웃을 일이 없다 하여도 억지나마 웃음을 지으며 웃음을 불러들여야 더 가까이 다가온다.

웃음의 가치를 굳이 시대를 가르며 따질 일은 아니지만, 고대에도 웃음을 건강의 의미로 생각했다고 한다. 그것은 예나 지금이나 웃음에서 행복을 찾으려는 노력은 여전하다는 사실이다. 우리는 웃음의 위력을 하루에도 수없이 시험하고 또, 확인하며 살아간다. 사람을 대할 때면 제일 먼저 상대방의 표정부터 살피지 않는가. 얼굴에 미소가 가득하면 덩달아 내 마음도 밝아지고 친근함이 느껴진다. 아내의 밝은 얼굴만으로도 집안은 환하고 따뜻한 기운이 돈다. 웃음은 얼어붙은 마음에 훈풍을 일게 하고 슬픔과 노여움을 녹이는 용광로와 같은 힘이 있다. 그것은 웃음만의 유일한 매력이요, 위대한 능력이다. 우리는 그런 소중한 웃음에 너무 인색하고 마음을 열어 스스럼없이 맞이하기를 주저하는 것은 아닐까.

봄바람이 향기로운 월요일 아침이었다. 이미 계절은 봄의 한가운데에 들어섰다. 싱그러운 봄기운에 겨우내 언 가슴에 풋풋한 생기가 솟고 마음이 들썩인다. 아파트 정원에는 탐스러운 목련꽃이 수북하게 피었고 샛노란 개나리와 화사한 벚꽃이 눈길을 사로잡는다. 일찍 집을 나서 시원하게 뻗은 호남고속도로를 달리자 동녘에 솟아오르는 붉은 태양이 가슴 가득 안기고, 부드러운 봄의 미소와 신성한 생명의 노래가 들려온다. 생동하는 자연의 기운을 온몸으로 느끼는 시간이다.

익산 나들목에 들어섰다. 이른 아침이어서 자동차가 뜸한 것이 한가롭다. 이 나들목도 봄맛에 취한 것일까. 밤을 새워서 근무했을 계산원 아주머니의 미소 담긴 인사가 봄을 닮았다. 그녀의 미소가 이곳을 지나는 수많은 사람의 마음을 밝게 하리라.

요금을 계산하고 출발을 위해 앞을 확인할 때였다. 몇 걸음 떨어진 곳에 어느 여자가 하얀 목련 같은 미소를 잔뜩 머금고 있다. 그녀의 윤곽은 그늘에 가려서 흐릿하지만, 얼굴에 피어 있는 미소만큼은 봄날 아침 태양처럼 환하게 빛났다. 아마, 이곳 요금계산소에 출근하는 아주머니 같았다. 내가 계산을 하는 동안 차 앞을 가로 건너지 않고 저만치 옆에서 먼저 지나가기를 기다리는 것 같았다. 내 눈과 마주치는 순간 밝은 미소와 함께 가볍게 고개숙여 인사를 한다. 향긋한 봄 향기에 어울리는 아름다운 미소다. 나는 한낱 스쳐가는 낯선 사람의 미소가 타인의 마음을 그리도 밝게 한다는 사실에 놀랐다. 봄꽃이 제아무리 아름답다 해도 그 미소에는 훨씬 못 미칠 것이다. 때로는 향기로운 차 한 잔에서 포근한 행복을 얻듯이 일상의 아주 작은 일에서도 아름다움과 기쁨은 아지랑이처럼 모락모락 피어나고 있었다.

마음이 얼굴로 그려지는 웃음의 바이러스는 파도처럼 사람과 사람에게로 전염되어 웃음을 짓게 한다. 천지에 흐드러지게 핀 봄꽃처럼 웃음꽃이 만발한 세상은 얼마나 아름답겠는가. 비록 삶이 고달플지라도 우리가 웃으며 살아야 하는 이유는 충분하다. 봄날 아침 어느 낯선 여인의 미소가 그리도 아름답게 빛나던 것은 예쁘고 따뜻한 그녀의 마음일 것이다. 밝은 미소와 함께하는 삶, 그것이 우리가 꿈꾸는 아름다운 세상 따뜻한 행복이 아니겠는가.

그 말 한 마디가

내가 많은 사람과 나누는 말 중에서 아름답고 따뜻한 말은 과연 몇 마디나 될까. 오히려 남의 감정을 상하게 하거나 마음에 상처가 되는 말을 하지는 않았을까.

직장에서 점심때가 되면 선뜻 결정하기 어려운 것이 식단의 선택이다. 오늘은 자주 가는 식당을 벗어나서 모처럼 새로운 음식을 맛보고 싶었다. 출퇴근길에 지나치는 S초등학교 앞에 있는 청국장집 음식을 선보기로 했다.

식당은 길가에 있는 건물 사이의 뒤편에 자리잡고 있어서 언뜻 보면 지나치기가 쉬웠다. 한 20여 평쯤 되어 보이는 큰방 하나가 전부이지만 토속적인 청국장집으로는 비교적 깔끔하고 음식도 정갈한 것이 그런 대로 마음에 들었다.

식사를 마치고 휴지를 찾으려고 이리저리 둘러봐도 눈에 보이지가 않는다. 옆의 식탁도 역시 마찬가지였다. 나는 아예 준비를 해놓지 않은 것으로 생각하고 자리에서 일어섰다. 계산대에서 밥값을 치르려니 그곳에 화장실에서 쓰는 두루마리 휴지 두 개가 놓여 있다. 아마, 그것을 공동으로 쓰도록 준비해 놓은 것 같았다.

그런데 막상 그 휴지를 쓰려니 기분이 좀 찝찝하다. 이왕이면 깔끔한 식당에 괜찮은 티슈로 준비해둘 것이지 화장지로 입가를 닦으란 말인가. 이것의 본래 용도는 말 그대로 화장실에서 뒤를 닦는 화장지이다. 식사 끝에 뒤를 닦는 것으로 입을 닦으니 뒷맛이 개운할 수가 없었다. 그래서 밥값을 건네며 주인아주머니에게 넌지시 한마디 던졌다.

"아주머니, 이거 화장실에서 쓰는 화장지 아닙니까."

천하가 다 아는 상식적인 질문에 의아스러운 눈으로 나를 쳐다본다.

"이것보다는 휴지통에서 한 장씩 빼서 쓰는 휴지를 식탁마다 준비해두면 참 좋을 텐데요."

그제야 내 말의 뜻을 알아차리고는,

"예, 잘 몰랐어요. 다음에 오시면 꼭 그런 것으로 준비해 놓겠습니다."

식당을 하는 사람이 그것을 모를 리가 없을 터이지만, 겸손하고 상냥한 그 말 한마디에 그 집을 나서는 마음이 상쾌하다.

그리고는 얼마 전 세차장에서 겪었던 일이 떠올랐다. 동네에 있는 카센터를 겸한 조그만 셀프세차장은 평소에 자주 찾는 곳이다. 마침 세차장은 3칸 중에서 양쪽이 비어 있었다. 기다리지 않아서 다행이다 싶어 얼른 제일 가까운 빈 칸에 차를 들여놓았다. 그리고는 동전투입구에 오백 원짜리를 하나 집어넣고 호스 끝으로 쏟아지는 첫 물로 시원하게 차를 씻어냈다. 다음 과정은 비누거품솔로 닦는 순서이다. 투입구에 두 번째 동전을 넣으려는 순간이었다.

"아저씨 그거 비눗물이 안 나와서 못 쓰는데요. 그 옆에 써 놨잖아요."

저만치에서 젊은 주인이 소리치며 다가왔다. 그가 말하는 동전투입구 옆을 살펴보니 어린애 손바닥만한 크기의 종이쪽지가 한 장 붙어있다. 관심 있게 보지 않으면 식별하기도 쉽지 않은 조그만 글씨로,

"비눗물이 고장이니 옆 칸을 사용하십시오."

라고 쓰여 있었다.

"아니 이렇게 작게 써 놓으면 어떻게 알아봐요."

불만스런 내 말에 그 젊은 주인은,

"옆 칸에서 세차하는 사람은 그것을 보고 옮겨 갔는데요."

그 대답에 그만 심사가 뒤틀어져 버렸다. 다른 사람은 보는데 왜 당신은 그걸 못 보느냐 말이다. 그 말 한 마디에 기분이 몹시 상했지만, 그렇다고 젊은이에게 화를 낼 수도 없고 해서 조용히 말했다.

"이 칸에 기계가 고장났으면 입구에 크게 표시해서 차가 아예 들어서지 못하게 해야 할 것 아니오. 그런데 이 쪽지 하나로 되

겠어요."

내 말이 끝나자 이번에는 젊은 주인의 기분이 상했는지 말없이 홱 돌아서서 안으로 들어가버리는 것이었다. 나는 황당함에 그의 뒷모습을 멀뚱멀뚱 쳐다보다가 더는 세차할 의욕을 잃고 그냥 돌아나오고 말았다.

젊은 주인의 그 말 한 마디는 해가 지난 지금도 그 집 앞을 지날 때면 어김없이 떠오른다. 말이 꼭 고상하고 품격이 있어야만 아름다운 것은 아니다. 평범하지만 진솔하고 겸손한 말 한 마디에서 진정한 아름다움이 피어나는 것은 아닐까. 그래서 말 한 마디의 조심스러움을 돌이켜 생각한다.

발맞추기

하나 둘, 하나 둘, 하나 둘…….

안타까움과 즐거움이 어우러진 운동장에는 응원으로 한껏 흥이 나 있었다. 봄이란 계절은 그 이름만으로도 신선함을 안겨준다. 나무마다 애순이 쫑긋쫑긋 돋아나고 연이어 피는 봄꽃으로 세상은 온통 꽃밭이다. 절정을 넘은 벚꽃 잎이 눈송이처럼 흩날리는 공원 공터에서 운동회가 한창이었다. 큼직한 현수막 아래 모인 사람들은 어느 직장의 봄나들이 같았다. 이런 모임에 약방의 감초처럼 끼어드는 2인 3각 경기로 모두 신이 났다.

두 사람이 하나가 된다. 세상을 살아가는 데에는 두 사람이 하나되는 그 정신이 꼭 필요하다. 지금 운동장에서 한창 즐겁게 벌이는 경기가 바로 그것이었다. 두 사람이 한 발을 묶어서 세 발로 만든다. 그리고 하나가 되어 뛰는 것이다. 두 사람의 호흡이 엇갈리며 허둥대는 모습이 우습고 재미가 있다.

발걸음의 보조가 맞지 않는 까닭은 아주 사소한 문제였다. 두 사람이 발을 내미는 짧은 순간의 차이였다. 그 차이가 동시에 나아갈 걸음의 조화를 완전히 어그러뜨렸다. 발이 늦은 사람은 앞서가려는 사람에게 끌려가다시피 뒤뚱거리다가 두 사람 모두가 주저앉고 만다. 하나 둘을 외치며 발맞추기를 바라는 주위의 응원에 마음이 바쁘다. 경쟁팀이 앞질러가자 마음은 더욱 바빠진다. 조급한 마음이 근본적인 장애였다. 두 사람 간의 아주 작은 차이가 전진을 방해하는 것이다. 대화를 할 때마다 항상 이야기의 방향이 엉뚱하게 나가는 사람이 있었다. 내가 이야기의 주제를 꺼내면 대화의 중간쯤에서 다른 이야기를 끌어다 붙인다. 자기만의 생각과 주장이 너무 앞서는 탓이다. 결국, 대화는 진전되지 못하고 2인 3각 경기의 어그러진 모양처럼 주저앉거나 삐걱거릴 수밖에 없었다.

군에 입대해서 가장 먼저 하는 훈련이 제식 동작이었다. 경례와 부동자세, 걸음걸이, 대형 등 군인다운 모양새로 만들고 전체의 행동을 일치하려는 기본적인 훈련이다. 마음도 행동도 익숙하지 못한 초년생에게 오뉴월 뙤약볕에서 계속되는 제식훈련은 고되었다. 기본자세부터 걸음걸이 하나하나와 보폭까지도 일정한 기준을 정해 놓고 그 틀에 나를 맞추는 일이다. 그러다 보면 자신의 버릇과 체형體形의 특징을 알게 된다. 편안한 옷을 걸치고 자유롭게 행동할 때에는 눈에 뜨이지 않았지만, 똑같은 제복을 입고 대열을 지어서 같은 동작을 반복하는 사이에 사람마다 특징이 쉽게 드러난다. 한쪽 어깨가 내려가고, 무릎 사이가 벌어지는 소위 O다리 형, 가슴을 안으로 움츠리는 사람 등 제각각이다. 보폭이 길고 짧은 사람, 같은 쪽의 팔과 다리가 동시에 나가는 사람, 행진곡에 발을 맞추지 못하는 사람, 흔드는 팔의 높이와 방향 등 행동의 특징도 나타난다. 그 하나하나를 교정하여 같은 수준으로 끌어올리기 위한 어려운 훈련과정을 더위와 갈증 속에 수없이 반복했다. 그때에 군인이 총이나 잘 쏘고 체력만 강하면 되지 전투에 쓸모도 없는 제식훈련으로 고생을 시킨다고 불만이었다. 그러나 그 제식 동작이 전투에서 승리할 수 있는 요체가 된다는 사실을 깨닫기에 많은 시간이 걸리지 않았다. 개인의 힘이란 보잘것없지만, 여러 사람이 제대梯隊를 이루어 발맞추어 나갈 때에 상상을 넘는 능력을 발휘한다. 땡볕 아래 발맞추기를 배우며 흘린 땀은 생사를 함께 할 전우와 상생의 정신을 쌓아가는 귀중한 재산이었다.

훈련은 불가능을 가능성으로 확증하는 과정이다. 고쳐지지 않을 것만 같던 각자의 결함들이 조금씩 교정되어가며 정해진 틀 안으로 들어오기 시작했다. 차츰 군인다워지고 당당하고 멋진 모습으로 성숙해 갔다. 시가행진을 하는 군인들이 하나같이 움직이는 것은 그렇게 만들어진 것이다. 서로 발을 맞추어 행진하려는 끊임없는 노력의 결과요, 양보와 협동이 만들어내는 아름다운 조화이다.

이제 자식들은 성장했고 나는 현역에서 은퇴했으니 내가 자식을 훈육할 기회는 지나갔다. 그러나 아직도 내게 할 일이 남아있다면, 그것은 세상을 더불어 살아가는 발맞추기 정신을 심는 일이다. 서로 보조를 맞추어야 앞으로 나갈 수 있는 2인 3각 경기의 정신이다. 향기로운 봄날 공원에서 즐겁게 놀며 깨닫는 그 발맞추기 정신이야말로 내일을 살아갈 후손에게 물려줄 가장 값진 재산이 아닐까.

아름다움이 지고나면

사무실 창밖에 눈여겨보는 단풍나무 한 그루가 있다. 그 단풍나무는 아주 깔끔하게 잘 다듬어져서 여느 단풍나무와는 격이 다르게 보인다. 키가 한 길 가웃은 될까, 사방으로 퍼진 폭도 제 키만큼은 되어 보였다. 그러나 그 크기에 비해서 밑둥치가 서너 움큼은 넘어 뵈는 것이 꽤 나이가 든 나무 같았다. 둥글고 평평하게 아래 한 단을 만들고, 그 위로 두어 뼘 정도 날씬한 여인의 허리처럼 가늘게 하고 또, 한 단을 더 만들어서 우듬지만 하늘로 올려놓았다. 낙엽수인 단풍나무를 그렇게 다듬으려면 다른 정원수에 비해서 몇 배는 더 품이 들 것 같았다. 그런 단풍나무를 정성껏 성형해서 새로운 아름다움을 창조한 정원사는 누구일까.

단풍나무는 자신의 아름다움에 매우 흡족해하며 그 모습을 영원히 간직하고 싶을 것이다. 그러나 누구도 세월의 변화를 거역할 수는 없는 일이다. 가을이 되자 단풍나무의 잎은 모두 떨어졌다. 그리고는 한겨울 엄동에 설한풍까지 이겨내고서야 봄을 맞이했다. 겨우내 얼었던 정원에는 새싹들이 돋아나고 아름답고 향기로운 꽃이 피기 시작했다. 단풍나무도 한껏 가슴이 부풀고 지난 해보다도 더 풍성하고 아름다운 모습으로 자신을 뽐내고 싶었다. 정원사가 여전히 자기를 아름답게 가꾸어 줄 것으로 믿었다.

드디어 단풍나무는 작년의 모습으로 새 옷을 갈아입었다. 날이 가며 가지와 잎은 무성해지고 가지런하던 자태에 웃자란 가지들이 여기저기 튀어나오기 시작했다. 아직은 그런 대로 아름다운 윤곽이 살아있지만, 단아하던 작년의 모습을 점점 잃어갔다. 이제야말로 정원사의 손이 꼭 필요할 때가 되었다. 옆에서 지켜보는 나도 아름다운 그 모습이 흉하게 변하기 전에 정원사가 다듬어 주기를 은근히 기다렸다. 그러나 정원사의 모습은 보이지 않는다.

정원사를 애타게 기다리는 동안에 단풍나무의 잘록한 허리에는 통통한 살이 불고 여기저기 튀어 오르는 가지는 아름답고 단정하던 단풍나무의 자태를 무참히도 허물어뜨려갔다. 이대로 여름을 지낸다면, 지난날의 아름답던 단풍나무의 모습은 완전히 사라질 것이다. 그러나 아직도 정원사가 나타나지 않는 것은 이제 그의 관심은 나이 든 단풍나무에서 멀어진 것 같았다.

요즘에는 예쁘고 아름답지 않은 여자가 없다. 생활수준이 향상되면서 신세대의 체격은 완연히 달라졌다. 예전에는 보통 키에 해당하던 내가 요즘은 아들 옆에만 서도 주눅이 들고 만다. 거리에 나서면 모두가 늘씬하고 아름다운 미녀들이다. 텔레비전에 등장하는 유명한 탤런트에게는 세월도 비켜가는지 나이가 들어도 항상 젊은 것만 같다. 세상 여성들이 아름다워지는 것은 모두에게 기쁨이고 긍정적인 변화임이 틀림없다. 아쉬움이라면, 성형외과가 성업을 이루는 세상이란 점이다. 그래서일까. 아름다운 여인들의 이목구비에서 서로 닮은 점들이 느껴지는 것은.

단풍나무는 언제까지나 자신의 아름다움을 간직하고 싶을 것이다. 그러나 그 도도한 아름다움도 세월에 굴복하지 않을 수는 없다. 창밖에 서있는 단풍나무의 아름답던 모습은 점점 사라지고 원하지 않는 미운 모양으로 변하고 있다. 이러다가는 타고난 제 미모까지도 잃는 것은 아닐까. 나는 오늘도 제 모습을 잃어가는 단풍나무를 안타까이 지켜본다.

갈망渴望

평화로운 세상에 행복이란 소중한 감정을 가슴으로 느낄 때가 있다. 저녁 무렵 도심을 흐르는 천변길을 산책하는 시간이다. 큰 도시들은 젖줄 같은 물길을 품에 안고 있다. 그 물가로 산뜻한 산책길이 잘 다듬어져 있다. 요즘같이 무더운 날 저녁에 그 길을 따라 걸으면 물가의 시원한 바람이 후덥지근한 더위를 말끔히 씻어준다.

지천으로 핀 개망초 하얀 꽃잎에도 어둑어둑 어둠이 내리기 시작하면 도시의 불빛은 별처럼 빛나기 시작한다. 사람들은 하나둘 천변의 산책길로 모여든다. 온 가족이 그리고 다정한 이웃과 친구 등, 한가한 저녁 한때를 보내는 정겨운 모습이 산책로에 펼쳐진다. 물 위에 어리는 도시의 야경은 색색이 어우러져 일렁이는 물결 위에 아름답게 반짝인다. 물 건너에는 한 무리의 여자들이 신나는 음악에 맞춰 춤이 한창이다. 도심을 흐르는 천변의 저녁 한때는 아름답고 평화로운 한 폭의 그림이다.

생존경쟁으로 이루어지는 우리의 삶이다. 하나라도 더 얻기 위한 몸부림, 한 푼이라도 더 아끼려는 흥정이 끈질기다. 도서관과 교실에는 공부하는 학생들로 밤과 낮이 따로 없다. 거리를 질주하는 자동차며 하루 일에 지친 사람들은 늦은 발길을 재촉한다. 사람 사는 모습이다. 경쟁이 우리에게 고통과 짐만 된다면 삶은 그 의미가 없을 것이다. 다행히도 기쁨과 희망을 그리고 내일에 대한 기대와 삶의 의지도 더불어 준다. 우리는 그 기대를 거름삼아 꿈을 가꾸고 희망을 키우며 행복한 인생을 찾는다.

행복은 혼자만의 의지와 힘으로만 얻어지는 것은 아니다. 그것은 자유와 평화의 토대 위에서 자라고 뿌리를 내린다. 그래서 역사는 무수한 사람의 귀중한 생명을 희생하며 자유와 평화를 지켜왔다. 우리가 지금 그것을 누리며 사는 것이다. 무엇이건 대가 없이 얻어지는 것은 없다. 하물며 인간이 생명을 바쳐서 얻는 것이라면, 세상에 그보다 더 귀한 것이 또 있을까. 우리가 원하는 것은 평화요, 죽어도 바라지 않는 것은 전쟁이다. 평화를 잃은 세상을 상상해 보라. 모든 사람이 너나없이 가슴을 졸이며 극도의 긴장되는 시간을 살아야 할 것이다. 전황에 온 신경을 곤두세우고 불안과 공포의 밤을 지새워야 할 것이다. 내일의 희망은 사라지고 위기의 현실에 가슴을 태울 것이다. 전장에 나간 사랑하는 자식과 남편의 안부에 태산보다도 더 큰 걱정을 가슴에 안고 살아야 것이다.

6·25전쟁 뒤 이 땅의 사람들은 헐벗고 굶주리는 불행한 시절을 겪어야 했다. 우리 삶의 터전은 산산이 깨지고 부서져서 폐허가 되었고 허기진 배를 채울 길이 없어 굶기를 밥 먹듯 해야 했다. 초등학교에 갓 입학한 내 책보 속에는 항상 밥 대신에 빈 양은도시락이 하나 들어 있었다. 외국에서 원조받은 분유를 끓여주는 그 멀건 우유를 받아먹는 그릇이었다. 나라가 채워주지 못한 주린 배를 외국에서 구호물자로 보낸 분유나 옥수수 가루가 대신했다. 그 시절이 지금도 눈에 선하다. 수많은 상이군인이 거리를 배회하며 암담한 현실에 몸부림치던 서글픈 모습이 생생하다. 논밭에 즐비하게 굴러다니던 이름도 모르는 포탄과 수류탄 등, 그 위험한 폭발물은 철없고 호기심 많은 어린아이의 장난감이 되었다. 그것이 때로는 소중한 우리 친구의 생명을 앗아가기도 했다. 전쟁이 남긴 것은 오직 가난과 고통과 절망뿐이요, 반세기가 지난 지금도 그 상처와 흔적은 우리 곁에 고스란히 남아있다. 우리가 누리는 이 평화와 번영이 어떻게 얻어진 것이며 얼마나 소중한 것인가를 아픈 기억으로 돌아보게 한다.

평화를 지키는 일이 어찌 특정한 사람들만의 책임일까. 이 땅에 사는 모두에게 주어진 임무요, 사명이다. 누가 우리의 소중한 평화를 깨뜨리려 하는가. 자손대대로 이 땅에서 평화와 행복을 마음껏 누려야 한다. 누가 이 땅을 지키는 신성한 국방의 의무를 깎아 내리려하는가. 제 나라 지키는 일을 부정하는 사람은 이 땅에 살 권리도 자유와 평화를 누릴 자격도 없다.

우리 선조는 평화로울 때 평화를 지켜야 한다는 평범한 진리를 소홀히 해서 끊임없는 외침에 시달려야 했다. 그 반복되는 환란에 이 산하는 핏물이 마를 날 없었고 급기야 나라마저도 잃게 되었다. 선조가 후손에게 남겨준 유산은 잃어버린 나라와 텅 빈 곳간이요, 나라를 지키는 일이 무엇인가를 체험으로 남겨준 그 교훈밖에 없었다. 다시는 그런 역사를 반복해서 안 된다는 뼈아픈 교훈이다. 너무나 처참하고 눈물겹고 치욕적이어서 인간이 겪어서는 안 될 삶이기 때문이다. 그러나 그 교훈에도 불구하고 후대는 또, 그 귀중한 교훈을 소홀히 하여 또 다른 시련을 끊임없이 불러왔다.

지금 이 시점에서 우리도 그 교훈을 가벼이 여기고 오늘의 안보를 소홀히 할 것인가. 이 땅에 오늘도 그리고 아주 멀고 먼 내일도 흔들리지 않는 자유와 평화의 든든한 뿌리를 내려야한다. 나는 자손 대대로 오색불빛이 아름다운 도심의 천변을 걸으며 평화로운 세상에서 행복한 삶을 누리며 살고 싶다.

사기꾼들

실업자처럼 빈둥빈둥 노는 사무실 전화기가 눈에 거슬린다. 벙어리가 되었는지 심통이 난 것인지 여간해서 울지를 않는다. 그런 녀석이 오늘 오전에 갑자기 벨을 요란하게 울렸다.

"오늘 국민은행카드로 롯데백화점에서 198만 원을 사용하였습니다. 상담을 원하시면 1번, 확인을 원하시면 0번을 눌러주십시오."

전화기에서 낯선 여자의 목소리가 또박또박한 발음으로 흘러나왔다. 우리나라 은행이 언제부터 고객에게 그토록 친절했던가. 요즘에 유행하는 보이스피싱이라는 것을 직감하고 가만히 듣고만 있었다. 그리고는 지정하는 번호를 한 번 눌러볼까 하다가 부질없는 일이다 싶어 수화기를 내려놓았다. 이놈의 전화기가 오랜만에 불러온다는 것이 겨우 사기꾼 전화란 말인가.

오후가 되자 또 벨이 울렸다. 오전의 그 여자목소리가 녹음된 그대로 반복해서 들려온다. 갑자기 저 사람들이 나를 아는 것은 아닌가 하는 불안감이 스쳐간다. 내 신상정보를 뒤적이는 사기꾼들을 상상하자 나를 낚으려고 코앞에 낚시를 드리운 것 같아 섬뜩해진다.

요즘 들어서 사기전화를 주의하라는 경고메시지가 휴대전화에 자주 뜨고 실제로 당한 사람들의 사례가 심심찮게 들려온다. 마치 몹쓸 병균이 새로운 환경에 먼저 적응하듯이 정보화시대에 신종사기가 극성이다.

지난 봄 어느 날 외출에서 돌아오니 집 전화에 메시지가 녹음되어 있었다. 오늘 ○○시까지 서울검찰청 3청사에 출두하라는 통지를 보냈는데 출석하지 않았다는 것이다. 서울검찰청이라는 명칭부터가 사실에 맞지 않는 사기꾼의 장난인 줄 알았다. 다음 날에도 그 메시지가 또 녹음되어 있었다. 똑같은 말을 반복해서 듣다 보니 멀쩡한 마음이 흔들리기 시작한다. 뻔히 사기라는 것을 알면서도 사실을 확인해보고 싶은 심리가 발동한다. 검찰청이라는 것도 괜스레 마음에 걸렸다. 마침 토요일이라서 서울지방검찰청 숙직실로 전화를 걸었다.

"사기전화입니다. 그런 전화는 무조건 끊으십시오."

한마디로 간결한 답변이었다. 그런데 전화를 끊고 나서도 마음이 개운치가 않다. 어쩌면 저들의 수법에 걸려들 가능성이 농후한 주의인물이 바로 내가 아닐까 하는 생각이 들었다. 그때 그런 경험들이 약이 되어서 어제 걸려온 전화는 무조건 끊어버린 것이다. 역시 '경험이 가장 훌륭한 스승이야.' 혼자 생각으로 잘난 체를 하면서 말이다.

보이스피싱은 전화 금융사기 범죄를 일컫는 신조어이다. 그 사기 주의를 환기시키는 홍보내용에는 그 수법이 자세히 소개되어 있다. 과납부한 보험료나 세금을 환급해준다고 자동지급기로 유인해서 코드번호를 누르게 하는 수법. 카드회사 직원이라고 속이며 누가 당신 카드를 사용하고 있으니 대신 신고해 주겠다고 카드나 통장 번호를 받아 계좌 이체하는 수법. 검찰과 경찰을 사칭해 금융범죄수사를 빙자하여 통장을 넣고 보안카드를 누르게 하거나, 자녀를 납치했다고 협박하여 입금을 요구하는 등 인간의 심리적 약점을 교묘히 이용하는 고도의 지능적인 수법들이 등장하고 있단다. 그런 전화를 하는 곳은 중국이고 국내에서 돈을 빼내가는 국제범죄라니 역시 현대는 글로벌시대이다. 요즘 이런 종류의 전화가 얼마나 판을 치는지 아마 한 번쯤 경험하지 않은 사람이 없을 것이다. 그만하면 대응력도 생겼을 터이고 소문도 날 만큼 나서 그런 허튼수작에 말려들 것 같지는 않다. 그래도 내로라는 멀쩡한 사람도 그 수작에 당한 사람이 한둘 아니라니 그저 놀라울 따름이다.

옛날 시골어른들이 도시에 나갈 때에는 쓰리꾼(소매치기)이 무서워서 돈을 몸 안 깊숙이 감추거나 허리에 단단히 동여맸다. 눈을 부릅뜨고 조심하고 또, 조심하겠노라고 다짐에 다짐을 하고 나섰으리라. 그러나 훈련소에 입소한 아들을 면회도 하기 전에 도시에 나가 볼일을 보기도 전에 몽땅 털리고 가슴앓이하시던 모습이 생각난다.

물고기는 한입에 불과한 먹이를 욕심내다가 낚시에 꿰인다. 그럴 듯한 속임수에 정신을 빼앗기면 자신도 모르게 통장과 비밀번호를 모두 내주고 '내 돈 찾아가시오.' 하는 꼴이 되고 마는 것이다. 눈 감으면 코 베어가는 세상이라더니 요즘 세상은 아예 눈 뜨고 코 잃는 세상이다. 이런 세상에 할 일 없이 노는 내 전화기에 오히려 감사를 해야 할 것 같다.

아무리 속이고 속는 것이 세상이라지만, 속임수에도 도道가 있고 나름대로 선의善意가 들어 있어야 한다. 그러나 세상이 결코 그러하지 못하니 내 것 지키는 일에 어찌 소홀할 것인가.

불전함佛錢函

시원한 바다가 그리운 여름.

바다가 아니어도 어디론가 떠나고 싶었다.

도둑고양이처럼 살금살금 짐을 싸기 시작했다. 군용 배낭에 모포 한 장, 탄띠에 수통, 검은색으로 염색한 군복 한 벌, 군화, 밥 먹을 반합까지 완벽하게 구색을 갖췄다. 이제 친구들과 약속한 날짜에 떠날 일만 남았다.

"요즘 무전여행은 고생만 하는 거야. 아예 갈 생각도 하지 마라."

형님의 경고가 오히려 호기심과 욕망을 더 키웠고, 세상 모르는 친구 셋이 탈출하듯 빈손으로 집을 나섰다. 목적지만 경주로 정했을 뿐 뚜렷한 여정도 없는 출발이었으나 새로운 곳을 향한 기대로 가슴은 설레었다.

어둠이 걷히지 않은 이른 새벽, 대전역에서 무조건 남쪽으로 머리를 둔 화물열차에 몰래 몸을 실으며 작정 없는 무전여행은 시작되었다. 화물열차는 바닥만 있는 무개차였다. 기차가 출발하자 덜컹거리는 소음과 후려치는 바람이 그대로 몸에 와 닿는다. 아마, 이 기차가 서는 어느 곳에서 우리 일행은 역원에게 혼쭐이 나고 쫓겨 내리게 될 것이다. 그러나 어차피 기약 없는 무전여행이니 앞일을 미리 걱정할 필요는 없었다. 캄캄한 터널을 수없이 지나며 매캐하고 텁텁한 석탄 연기로 흠뻑 샤워를 하고 나자, 하얀 이만 드러나 보이는 검은 종족 셋이 무개차 바닥에 앉아있었다. 그 희한한 몰골을 하고도 히히거리며 마냥 즐겁기만 했다.

무엇보다도 어려운 것은 공짜 밥을 얻어먹는 일이었다. 숫기가 없는 성격으로 생판의 낯선 사람에게 밥을 달라는 말이 입 밖으로 나오지가 않았다. 그러나 세상은 인정 많은 분이 많았다. 논을 매던 손으로 흥부바가지에 하얀 밥을 듬뿍 담아주시던 인정스런 아주머니, 자기 집으로 손을 잡아끌던 또래의 고마운 친구들, 내 아들도 빈손으로 내보냈다며 밥을 사주시던 영도다리의 마도로스아저씨, 친구의 코피를 닦아주는 우리에게 과자를 한아름 안겨주던 부산진의 과자공장아가씨 등 비록 생활은 곤궁한 시대였으나 인심은 넉넉한 세상이었다. 그 따뜻한 인정이 없었다면 무전여행이란 꿈도 꾸지 못했을 것이다. 지금은 전설처럼 멀어진 학창 시절의 무전여행은 아마, 우리가 마지막 세대가 아니었나 싶다. 그 시절 학생들은 어느 학교나 비슷한 교복에 모표를 붙인 모자를 쓸 때이다. 군용품 일색인 복장에 학생이란 유일한 증거요 표시는 교모校帽였고, 그것만으로도 무전여행이 가능한 시절이었다. 무더위에 군대 전투복과 군화에 배낭을 메고, 여유가 되면 기차를 타고 안 되면 걷고, 생기면 먹고 없으면 굶기를 계속하며 일주일 만에 불국사역에 내렸다.

비록 무전여행이지만, 태어나서 가장 먼 곳을 찾아왔다. 차표도 없는 주제에 주저없이 출구로 향했다. 허튼수작이 오히려 더 못한 결과로 돌아온다는 현실을 이미 터득한 터였다. 무임승차의 대가로 역사驛舍청소와 화단의 잡초를 뽑아야 한다는 해답까지도 나와 있었다. 여기까지 오면서 이미 충분한 노동을 제공했으니 우리도 차 삯만큼은 값을 한 셈이었다. 불국사역을 청소하는 동안에 긴 여름날도 저물었다. 역사를 나와서 어둑어둑 어둠이 내리는 낯선 길을 걸어 불국사에 도착했다. 낯선 고장에도 어둠은 짙게 내리고 염주알처럼 주르르 연결된 기념품가게들만 불이 켜졌다. 갈 곳도 없고 뱃속마저 비었는데 귀에 설은 경상도 사투리가 집 생각을 더욱 간절하게 한다. 내가 왜 무전여행을 나왔던고. 천 리나 떨어진 그리운 집은 한없이 멀게만 느껴지는데 낯선 고장의 밤은 후회와 두려움까지 불러들이려 한다. 그 서글픈 감상도 잠깐, 허기지고 피곤한 몸을 쉴 곳을 찾으니 넓은 바위가 눈에 띄었다. 단단한 암반 위에 누워서 하늘의 반짝이는 별을 바라보다가 깊은 잠에 빠져들었다. 날이 새어 밤새 이슬 맞은 모포를 주섬주섬 꾸려서 석굴암을 돌아와 간신히 공복을 채우고 나니 이제는 불국사 입장료가 문을 가로막는다. 사정 반,

구걸 반으로 어렵사리 들어온 불국사였으나 피로와 더위에 관람도 쉽지가 않았다. 한여름철의 경내는 관광객의 발길이 뜸했다. 대웅전 뒤편으로 돌아갔다. 지금의 낡은 기억으로는 극락전, 비로전, 관음전 중의 어느 하나일 것이다. 앞서 간 친구가 빨리 오라는 다급한 손짓을 보낸다. 무슨 일인가 하고 급히 세 사람이 모였다.

"돈이다."

불상 앞에 놓인 뒤주만한 불전함佛錢函 구멍에 백 원짜리 지폐 한 장이 들어가다 말고 걸쳐 있었다. 걸인과 다름없는 우리 신세에 이게 웬 떡이냐. 가슴이 두근거리기 시작했다. 저 돈이면 셋이서 한 끼를 포식하고도 남는다. 벌써 마음속에서는 내 것이나 되는 양 기쁨의 함성을 울렸다. 다행히 보는 사람이 아무도 없다. 걷잡을 수 없는 거센 유혹에 멀쩡하던 양심은 방향을 잃고 요동치기 시작했다. 마음으로는 이미 그 돈을 꺼내서 부처님도 모를 은밀한 곳에 감추고 있었다. 굳이 말을 하지 않아도 세 사람의 마음이 다를 바가 없을 것이다. 그러나 안타깝게도 우리의 발목을 잡고 늘어지는 놈이 있었다.

"불전佛錢으로 허기진 배를 채우는 것도 죄가 될까."

"아니야, 내 것이 아닌 것을 취하면 도둑이지 도둑이 따로 있나. 여기는 부처님을 모신 성전이다."

그 갈등 앞에 자신을 일깨워준 것은 불전함까지의 거리였다. 법당 마룻바닥을 걸어 들어가지 않고는 돈을 꺼내 올 수가 없었다. 누가 저 불전함의 돈을 꺼내올 것인가. 서로 미루기만 할 뿐 아무도 나서는 사람이 없다. 만약에 불전함이 손이 닿을 만큼 가까이 있었다면 무엄하게도 부처님의 재물에 손을 댔을 것이다. 그러나 감히 성전을 더럽히며 불전함까지 들어갈 친구는 아무도 없었다. 서로 눈치만 살피다가 인기척에 놀라 돌아서며 미련과 아쉬움에 몇 번을 뒤돌아봐야 했다. 그래도 마음만큼은 큰 짐을 벗은 듯 가벼웠다.

열흘간의 무전여행은 다시 얻을 수 없는 값진 경험과 추억을 남겼다. 그 기억의 한가운데에는 언제나 불국사 불전함이 있다. 하마터면 벗을 수 없는 마음에 짐을 하나 더 졌을지도 모를 순간이었다. 자칫, 죄책감으로 어느 절간 앞인들 편히 갈 수가 있었을까. 지금도 그 시절 그 불전함의 유혹이 시험이었을지도 모른다는 생각을 가슴에 품고 산다.

세월이 오가는 길목에서

병술년丙戌年을 마감하는 종무식을 마쳤다. 무엇이 끝났다는 의미인가. 모든 것은 멈추지 않는 시간처럼 끝없는 연속인 것을. 그래도 새해가 올 때마다 사람들은 새로운 희망을 품는다. 보다 나은 미래에 대한 기대이다.

정해년丁亥年을 맞으며 돼지가 최고의 스타로 주목받고 있다. 새해는 육백 년에 한 번 돌아온다는 황금 돼지해다. 게으르고 지저분한 돼지가 언제부터 우리에게 희망을 주는 동물이 되었을까. 지금 우리에게 그 어느 때보다도 새로운 비전과 활력이 절실히 필요한 때이다. 그런 현실이 황금돼지 해에 거는 기대를 더욱 부풀게 했을 것이다. 신주처럼 받드는 돼지를 보면서 세상일이란 미리 실망하거나 좌절해서는 안 된다는 당연한 진리를 곱씹게 한다.

서울로 가는 무궁화호 열차는 연말이어서인지 많은 사람이 타고 있었다. 이 열차에 등급을 준다면 가장 낮은 3등 열차이다. 열차 안은 훈훈한 난방열기와 고달픈 삶이 반죽이 된 평범한 사람냄새로 가득하다. 땀과 한숨과 눈물, 기대와 희망이 우러나는 냄새, 사치하지도 세련되지도 않은 소박하고 평범한 사람 사는 냄새다. 그 냄새에 배어 있는 사랑과 그리움이며 훈훈한 인정이 고달픈 삶에도 우리를 버티게 하는 힘이다. 열차 안은 또 하나의 작은 세상이었다. 휴대전화를 통하는 사람, 동행하는 사람과 즐거운 대화와 웃음소리가 있다. 뒤뚱거리며 통로를 걷는 귀여운 아기가 보는 이의 가슴을 졸이게도 하고 서 가는 노인에게 잠시나마 걸터앉게 하는 인정도 있다. 늙은 부부의 묵직한 보따리에서는 땀 흘려 농사지은 먹을거리에 양념처럼 버무린 부모의 따뜻한 사랑이 솔솔 풍긴다. 그런 삶에 묻어가는 세월은 어느덧 한 해를 넘어 정해년 새해를 눈앞에 두었고, 레일을 달리는 열차도 목적지를 향해 힘차게 달린다.

또, 새해가 온다. 지나간 날들을 추억의 창고에 고이 두고 아무도 밟지 않은 새벽길, 그 정갈한 길로 새하얀 새해가 온다. 비록 기약은 없을지라도 야무진 기대로 설레는 마음, 새해에는 기쁨과 행복을 마음껏 누리고 싶다. 가는 해가 남긴 아쉬움을 모두 담아서 희망과 사랑이 넘치는 아름답고 행복한 새해의 그림을 그리고 싶다. 넉넉함은 아니어도 쪼들리지 않는 살림살이에 몸 성하고 근심·걱정 없고 작은 일에도 만족하며 감사하는 그런 삶이면 더욱 좋겠다.

우리가 황금돼지의 꿈으로 새해를 맞이하는 것이 비록 근거 없는 허망한 일이라 해도 반드시 무의미한 것만은 아니다. 우리의 마음은 꿈을 심고 자라는 온상이다. 황금돼지도 내 마음의 온상에서 자라날 하나의 희망의 씨앗이라면 그것만으로도 더없이 소중하다. 우리는 늘 그렇게 아주 작은 소망에도 여린 마음을 기대며 의지하고 살지 않았는가.

머물지 않는 세월은 이 순간을 모두 가슴에 품고 유유히 흘러간다. 이별은 언제나 아쉽고 서운한 법이다. 그렇다고 서운함에 마음 쓰며 시간을 낭비하기에는 세월은 너무 빠르고 인생은 짧다. 비록 현재는 흘러서 사라지지만, 내일이 있으니 꿈이 있고 희망이 있어서 행복하다.

세월이 오가는 길목에서 나는 늘 그런 희망의 손을 흔들고 싶다. 소박한 삶을 싣고 달려가는 3등 열차를 향하여, 행운을 가득 싣고 올 황금돼지를 향하여, 내일도 또 내일도 언제 언제까지나…….

무문겸전武文兼全의 양반수필가, 조종영

– 조종영 수필집 ≪강아지 똥과 엘레지≫ 출간에 부쳐

김 학

수필가, 국제펜클럽 한국본부 부이사장(전)

1. 조종영, 그가 수필을 만나게 되기까지

충청북도 옥천군沃川郡 이원면伊院面 지탄리池灘里에서 태어난 조종영은 고향의 화목한 가정에서 살다가 아홉 살 때 대전으로 옮겼다. 옥천은 향수의 시인 정지용의 고향이다. 그러니 그는 어려서부터 정지용 시인에 대한 이야기를 들으며 자랐을 테고 그리하여 막연하게나마 문학에의 꿈을 꾸어왔을지도 모른다.

어릴 때부터 조종영은 자기 집 뒷산에 올라 신작로 쪽을 바라보면 너른 들녘을 에둘러 금강이 굽이쳐 흐르고 그 강 위로 놓인 경부선 철교로 달려가는 기차를 보면서 뜻 모를 그리움과 먼 세상에 대한 동경이 굽일어 올랐다고 했다. 그때부터 문학과 접신이 되었던 것 같다.

수필가 조종영, 그는 평생을 군문軍門에서 보냈다. 1971년 육군 보병 소위로 임관하여 2003년 육군 대령으로 전역하기까지 무려 32년간 나라의 간성으로서 군대생활을 한 것이다. 그는 계란의 노른자위 같은 시절을 모두 군복을 입고 전후방을 누비며 살아온 셈이다. 그는 제주도를 제외하고는 전국 방방곡곡을 떠돌며 살았기에 어디를 가나 낯설지 않았다고 한다. 그는 전투부대를 지휘해야 하는 전투병과 장교로서 오로지 군무에 충실할 수밖에 없었다. 그가 군대에 머물던 기간은 안보정세가 긴박했던 시대여서 그는 정신적으로 여유 있게 살아갈 수 없었다고 한다. 가정문제의 대소사와 두 아들은 아내에게 맡기고 자신은 오로지 본연의 임무에 충실할 수밖에 없었다. 그러기에 그는 가족들에게는 늘 죄를 지은 것처럼 미안하다고 했다. 그러나 명예롭고 보람된 삶을 살았기에 후회는 없다고 한다.

수필가 조종영, 그가 평생을 바친 군대에서 전역을 한 얼마 뒤 전주로 오게 되었다. 2005년 전북대학교 예비군연대장이란 새로운 일자리를 얻게 되었기 때문이다. 예비역 대령 조종영, 그는 전주에 와서도 자신의 잠재능력을 개발하는 데 소홀하지 않았다. 그런 그의 안테나에 걸린 것이 수필이었다. 그는 전북대학교 평생교육원 수필창작 야간반에 등록하여 103강의실에서 수필과 친교를 나누게 되었다. 아니 그 103강의실에서 고향 옥천에서 어린 시절을 보내며 꿈꾸었던 문학을 만난 것이다.

그에겐 타고난 문재文才가 있었다. 한 편 두 편 쓰는 수필들이 예사롭지 않았다. 글쓰기 실력이 일취월장하였다. 마침내 월간 ≪좋은문학≫ 2006년 3월호에서 〈시계 없는 세상〉이란 작품으로 신인상을 수상하여 수필가로 등단하기에 이르렀다. 드디어 무문겸전武文兼全의 간성이 된 것이다. 조선시대에는 문반文班과 무반武班을 일컬어 양반兩班이라 하였다. 수필가 조종영 역시 이제는 무와 문을 겸한 양반 수필가가 된 셈이다. 그의 수필가 등단은 행촌수필문학회 회원으로서는 61번째 등단이었다.

"인생이란 B와 D 사이의 C다."란 말이 있다. 여기서 B는 출생(Birth)이고 D는 죽음(Death)을 뜻한다. B와 D 사이의 C란, 결국 사람이 태어나서 죽을 때까지의 과정을 말한다. C에도 여러 가지 내용이 들어간다. 바로 선택(Choice), 변화(Change), 기회(Chance), 도전(Challenge)이 그것이다. 사람이 한평생을 사노라면 얼마나 많은 선택을 해야 하고 변화를 해야 하며, 기회를 찾고 또 도전해야 하는가? 그래서 인생은 B와 D 사이의 C다란 말은 만고불변의 진리가 아닐 수 없다.

수필가 조종영, 그는 좋은 수필 소재를 찾을 줄 아는 눈을 지니고 있다. 소재를 찾으면 적당한 양념을 버무려 맛깔스런 수필 요리를 만들어 독자들 앞에 내놓을 줄 안다. 그러기에 이번에 조종영이 출간할 처녀수필집 ≪강아지 똥과 엘레지≫는 조종영 수필가가 차려낸 수필의 진수성찬이라고 하지 않을 수 없다. 등단 3년 안에 수필집을 상재한다는 것은 쉬지 않고 치열하게 창작활동을 했다는 이야기이기에 더 믿음직스럽다. 이쯤에서 조종영 수필가의 수필세계로 들어가 보자.

2. 조종영 수필가의 수필세계

조종영은 군대 출신 문사다. 군인은 기본적으로 사격술이 좋아야 한다. 사격술이 좋다는 것은 목표물을 정확히 잘 명중시킬 수 있어야 한다는 뜻이다. 그런 의미에서 문학작품을 탄약을 잰 권총에 비유한 사르트르의 이야기에 귀를 기울일 필요가 있다. 군인(수필가)이 권총으로 쏠 표적을 택한 이상 정곡을 겨누어 쏘아야 한다. 이왕 쏘기로 마음을 먹었으면 목표를 명중시켜야 한다는 뜻이다.

> 내 인생에 숱한 봄을 지났음에도 가슴에 보석 같은 기억 하나 남지 않은 것은 사막과 같이 건조한 삶을 살아온 탓일 게다. 그러나 그해 신원사의 봄은 지금도 눈에 선연하고 생각만으로도 취하고 만다. 그 순간은 찰나였고 세상의 아주 소소한 하나를 봤을 뿐이지만, 아름답고 소중한 봄의 모습으로 여전히 남았다. 그리고 언제나 계룡산을 생각할 때면 신원사의 그해 봄도 어제 일처럼 따라온다.
>
> – 〈신원사의 봄〉 결미

신원사는 백제시대에 창건된 천년고찰로서 계룡산에 있는 절이다. 계룡산 삼불봉을 중심으로 동으로는 동학사, 서로는 갑사, 남으로는 신원사, 그리고 북으로는 구룡사가 있다. 그 네 사찰을 지도상에서 직선으로 연결하면 하나의 정사각형이 된다. 신원사는 계룡산 뒤편에 있어서 조금 외진 편이고 교통편도 좋지 않아 발길이 뜸한 절이다. 화자는 이처럼 현대의 덧칠을 하지 않은 쓸쓸한 절을 찾아 원래의 아름다움 감상하기를 좋아한다.

사루비아꽃을 보고 큰소리로 감탄하는 노스님, 어린아이의 귓불을 만져주며 귀가 잘 생겼다고 덕담을 건네는 노스님, 부처 같은 그 노스님의 미소를 떠올리는 화자의 마음 역시 곱고 따사롭다.

수필가 조종영은 32년의 군대생활을 하는 동안 한곳에서 2, 3년쯤 살면 아이들이 언제 이사를 하느냐고 궁금해 할 정도로 자주 떠돌이생활을 해야 했었다. 그런 그가 터득한 깨달음이 있었다.

> 이사 간 집은 휑하니 어수선하기 마련이고 드는 사람은 마음부터가 썰렁하다. 그러나 문을 열고 첫발을 들여놓을 때에 말끔하게 뒷정리를 하고 떠난 집안을 접하면 그 사람들의 아름답고 따뜻한 마음이 그대로 가슴에 와 닿았다. 그때에 자기가 앉았던 자리는 깨끗이 쓸고 일어나야 한다는 소중한 교훈을 배웠다. 그래서 우리도 이사할 때면 뒷정리를 깨끗이 하려고 노력했고, 사는 데 불편하거나 주의할 점 등을 간단하게 메모해 두고 떠났다. 새로 들어올 사람이 누구인지는 모르지만 내가 받은 고마움을 돌려준다는 생각이었다.
>
> – 〈그대 가슴에 내가 남긴 흔적은〉 중에서

흔적의 의미를 입체적으로 파고든 작품이다. 인연으로 만난 수많은 사람의 가슴에 나의 흔적은 어떤 모습으로 남았을까를 생각하며 사는 화자야말로 올바른 삶을 살아온 분이려니 싶기도 하다. 남의 가슴에 새겨지는 나의 흔적들, 그것이 곧 내 삶의 모습이니 어찌 인생을 소중히 여기며 살지 않을 수가 있겠느냐며 마무리한 이 작품은 수필가 조종영의 심저心底에 새겨진 '남을 배려하는 마음의 무늬'라 하겠다.

육군 대령의 군복을 벗고 사복으로 갈아입은 수필가 조종영! 불과 몇 년 지나지 않았는데도 그에게서는 군인 냄새가 잘 나지 않는다. 세 살 버릇 여든까지 간다는데 얼마나 노력했으면 그렇게 환골탈태할 수 있었을까? 늘 역지사지易地思之하는 마음을 가지려고 노력하였기에 가능한 일이 아니었을까 싶다.

> 산은 계곡을 흐르는 물소리가 있어 외롭지 않다. 그 물소리에 귀를 기울여 보라. 그 안에는 수많은 생명의 소리가 들어 있다. 냇가의 돌을 애무하는 소리, 깊은 웅덩이로 떨어지는 소리, 경사진 물길을 신나게 미끄러져 내리는 환호성 등, 그 모두가 어우러져서 정답고 아름다운 계곡의 소리를 만들어낸다. 사시장철 고요한 산을 생동의 기쁨으로 가득 채운다.
>
> ─ 〈가을 산에 오르며〉 중에서

어느 독자가 이 작품을 읽으면서 군 출신 수필가의 글이라고 여기겠는가? 서정적인 문장이 아름다운 수필의 꽃을 피운 작품이라고 할 만하다. 구절사 가는 계곡을 오르며 화자는 귀를 열고 수많은 생명의 소리는 물론 냇가의 돌을 애무하는 소리까지도 듣는다. 수필가는 모름지기 오감五感을 열고 수필 소재와 만나야 한다는 진리를 터득한 셈이다.

> 그는(바람은) 어디에도 그냥 지나치는 법이 없다. 산비탈에 서 있는 외로운 나무를 포옹하고 절간 처마 끝에서 잠자는 풍경風磬도 흔들어 깨운다. 저 나부끼는 나뭇잎의 흔들림은 지나가는 바람을 향한 정다운 인사일 것이다.
>
> – 〈가을 산에 오르며〉 중에서

수필가 조종영은 산에 오를 때에 땅만 바라보고 뚜벅뚜벅 걷는 게 아니다. 오감을 다 풀어놓고 감각적 감성으로 받아들인다. 그렇기에 그의 작품의 문장은 소녀의 감상문처럼 나긋나긋하고 풋풋하며 감각적이다.

> 만남과 이별이 교차하는 기차역, 상행선 열차를 기다리는 전주역 플랫폼에는 봄비 속에 겨울이 남기고 간 싸늘한 바람이 불고 있었다. 태양은 보이지 않아도 시간은 하루를 어김없이 거두어간다. 아직 햇잎이 돋지 않은 썰렁한 나무, 후줄근하게 비에 젖은 도시가 을씨년스럽다. 이런 날은 아늑한 내 집과 따뜻한 가족의 체온이 더욱 그리워진다.
>
> – 〈가족, 그 사랑과 그리움〉 중에서

화자는 매주 금요일 퇴근시간이면 어김없이 전주에서 대전으로 향한다. 대부분은 승용차를 이용하지만 때로는 기차를 타고 가기도 한다. 수필가 조종영이 대전으로 가는 이유는 그곳에 그의 정다운 가족, 즉 아내와 두 아들이 있기 때문이다. 직장인들이 집에서 직장으로 출근할 때 깔끔한 차림을 하듯 수필가 조종영이 1주일 만에 집에 갈 때면 깔끔하게 꾸미고 간다. 그것이 자신의 가장 가까운 단골손님들인 가족들을 만나는 예의라고 믿기 때문일 것이다. 장사꾼들이 단골 관리하듯 그렇게 가족도 관리해야한다는 것이다.

> 어느덧 기차는 시내로 들어섰고 도시의 휘황한 불빛이 어두운 세상을 밝힌다. (중략) 그래도 어느 아파트의 거실에서는 손자의 재롱을 보는 할머니 할아버지와 아빠 엄마의 행복한 웃음이 손뼉장단에 맞춰 정답게 울려 퍼지고 있을 것이다. 그것이 곧 우리의 삶의 모습이고 아름다운 전통이 아니던가.
>
> – 〈가족, 그 사랑과 그리움〉 중에서

이 단락이 바로 이 작품의 중심 메시지다. 화자는 이런 가정 이런 가족을 그리워하고 있는 것이다. 아니 어쩌면 이것이 화자가 바라는 간절한 소망일지도 모른다. 가족해체시대라고 하는 지금 우리 모두 다시 한 번 깊이 음미해 볼 화두가 아닐까 싶다.

> 배가 나와야 할 사람은 안 나오고 안 나와야할 사람들이 배가 나와서 걱정들이다. 이런 세상에 배가 나와서 고민하는 사람들의 배 타령은 그야말로 복에 겨운 배부른 소리가 아닐까 싶다.
>
> – 〈배가 불러서 아름다운 여자〉 중에서

이 시대 우리의 실상을 예리하게 파헤친 명언이라 하지 않을 수 없다. 젊은 여인들의 출산기피현상을 이렇게 촌철살인의 기개로 날카롭게 꼬집은 수필가가 어디 있던가. 화자는 분명히 수필감을 알아볼 줄 아는 눈을 지녔다고 해야겠다.

> 여자의 남산만한 배가 내 앞을 가로막았다. 그것은 흔히 여성들이 아름다워지기 위해서 목숨을 거는 그런 배가 아니라 나라의 미래를 위한 희망의 배였고, 반드시 축복받아야 할 아름답고 성스러운 생명의 배였다.
>
> — 〈배가 불러서 아름다운 여자〉 중에서

화자의 유머러스한 문장이 더욱 글맛을 나게 한다. 시내버스에서 만난 임산부에게 자리를 양보하며 이렇게 맛깔스럽게 그 장면을 표현한 것이다. 그는 분명 유능한 언어조련사라 하지 않을 수 없다. 독자는 이 글을 읽으면서 배꼽을 잡고 웃다가 깊은 깨달음을 한 가지 얻게 될 것이다.

> 간판이 홍수를 이루는 시대이다. 고급화된 간판들은 색깔과 글씨 모양이 아주 예쁘고 화려해서 오가는 사람의 눈길을 끌기에 모자람이 없다. 내가 운동하는 헬스클럽의 명칭은 BMW다. (중략) 노란색 바탕에 '강 · 아 · 지 · 똥'이란 네 글자를 주황, 초록, 빨강, 흰색으로 각각 한 자씩 색깔을 달리한 아담하고 예쁜 상호의 간판이었다. 어느 날 운동을 마치고 집에 들어가는 길에 안을 들여다보니 젊은 아낙이 운영하는 조그만 어린이 옷가게다. (중략) 비록 그 가게는 작고 보잘것없으나 그 간판만은 세상 어느 것보다도 밝고 빛났다. (중략) 강아지 똥이란 우리말은 귀엽고 앙증맞기만 하다. 국적 없는 휘황한 간판의 혼탁한 숲속에서 오직 때묻지 않은 '강 · 아 · 지 · 똥'은 새하얀 모시옷에 순수한 토종의 모습으로 의연히 앉아있었다.
>
> — 〈강아지 똥과 엘레지〉 중에서

> 엘레지Elegy는 그리스어에서 유래한 비가悲歌, 애가哀歌, 슬픔의 시, 또는 슬픔을 나타내는 악곡이란 뜻이다. 훌륭한 가수에게 붙여준 여왕의 호칭이나 노래의 제목들은 바로 그런 의미로 쓰인 것이다. 그리고 엘레지라는 식물도 있다. 우리나라와 일본의 고산지대에 분포된 백합과의 다년생식물이다. 또 순수한 우리말인 엘레지가 있다. 그 뜻이 '개자지'이다. 조상이 즐겨 쓰던 말이 사장되어서 우리에게는 낯이 설다.
>
> – 〈강아지 똥과 엘레지〉 중에서

이 수필집의 표제작이기도 한 작품이다. 화자는 헬스클럽에서 운동을 하면서 창밖으로 내다뵈는 거리의 외래어 투성이 간판 중에서 '강아지 똥'이란 간판을 찾아내게 된다. 또 엘레지란 말에는 세 가지 뜻이 담겨져 있는데 특히 엘레지란 말에는 우리말 '개자지'란 뜻도 있으니 욕을 할 때도 '개X 같은 놈'이라는 말보다는 차라리 '엘레지 같은 놈'이라고 하면 얼마나 고상하고 품위가 있겠느냐고 너스레를 떤다. 독자의 미소를 자아내게 하는 유머러스한 수필이다.

문무文武를 아우르는 수필가 조종영, 앞으로 그가 꾸준히 그리고 치열하게 창작활동을 한다면 그를 사랑하는 독자들은 더욱 늘어날 것이다. 소대장 시절의 '나를 따르라 정신'을 되살려 앞으로 수필 분야에서도 정진한다면 큰 수필나무로 성장할 것이다.

3. 조종영 수필가의 가야할 길

시인이자 수필가인 허세욱 교수는 "쌀로 지은 밥이 수필이라면 쌀과 누룩을 섞어 빚은 술은 시나 소설이다. 수필이 원형 소재 보존의 가공이라면 시나 소설은 원형 소재의 화학적 변체다." 라고 말한 바 있다. 그러면서 그는 수필이 체험의 문학이긴 하지만 사실을 강조한 나머지 사진寫眞처럼 사물을 한 치의 변동 없이 전달하는 것이 아니라 이젤에 옮겨 놓은 사생화寫生畫 같다고도 하였다. 정곡을 찌른 이야기가 아닐 수 없다.

수필의 길은 가도 가도 끝이 보이지 않는 '끝이 없는 길'이다. 그래도 중도에 포기하지 않고 걸을 수 있을 때까지 걸어야 할 숙명의 길이다. 그러기에 혼자 걷는 것보다는 문우들과 더불어 걷는 것이 좋다. 그것이 절차탁마의 길이 될 수도 있고, 끌고 밀어주는 역할도 해 줄 수 있기 때문이다. 그런 의미에서 동인활동에 능동적으로 열심히 참여하고 문단활동의 범위를 전국으로 확대해 나가기를 바라마지 않는다. 그래야 우물 안의 개구리가 되지 않을 수 있는 까닭이다.

등단 3년 안에 처녀수필집을 낸 것은 참으로 잘한 일이다. 따라서 앞으로도 3년 터울을 지켜서 제2, 제3의 수필집을 선보일 수 있도록 열정적으로 창작활동을 하라고 권하고 싶다. 뚜렷한 목표가 정해지지 않으면 게을러지기 십상이란 점을 마음속에 깊이 새겨두기 바란다.

직장은 정년퇴직을 강요하지만 문학은 아니 특히 수필은 정년이 되었다고 붓을 꺾으라고 하지 않는다. 나이가 들어갈수록 심오하고 폭넓은 작품을 빚어내어 독자의 사랑을 받을 수 있는 게 수필이다. 더욱 정진하여 우리 수필문단에 큰 나무로 우뚝 서주시기를 바라마지 않는다.

조종영 수필집

강아지 똥과 엘레지

인 쇄 / 2009년 6월 1일
발 행 / 2009년 6월 8일

지은이 / 조 종 영
발행인 / 서 정 환
발행처 / 수필과비평사

출판등록 / 1984년 8월 17일 제28호
주 소 / 서울시 종로구 익선동 30-6
운현신화타워 빌딩 2층 208호
전 화 / (02) 3675-5633, (063) 275-4000
팩 스 / (063) 274-3131
E-mail / essay321@hanmail.net

값 10,000원

ISBN 978-89-5925-573-3 03810